UNTERWEGS MIT DEINEN

Lieblingsmenschen

HEIDELBERG

CORNELIA LOHS

emons:

Bibliografische Information der Deutschen Nationalbibliothek
Die Deutsche Nationalbibliothek verzeichnet diese Publikation in der Deutschen Nationalbibliografie; detaillierte bibliografische Daten sind im Internet über http://dnb.d-nb.de abrufbar.

Gestaltungskonzept und Satz: Heike Kluge, Herdecke
Illustration: Heike Kluge, Herdecke
Umschlaggestaltung: Heike Kluge, Herdecke
Druck und Bindung: Grafisches Centrum Cuno, Calbe
Printed in Germany 2021
ISBN 978-3-7408-1178-5

VORWORT

Das »Höchstmögliche an Schönheit« nannte der amerikanische Schriftsteller Mark Twain unsere Stadt, als er im Sommer 1878 hier weilte, und sein Kollege Goethe war hundert Jahre zuvor gar der Meinung, dass »die Stadt in ihrer Lage und mit ihrer ganzen Umgebung etwas Ideales« hat. Das hat sie! Mit ihrem einzigartigen Dreiklang aus Altstadt, Bergen und Fluss ist sie unschlagbar. Ganz zu schweigen von der schönsten Schlossruine der Welt, die Heidelberg im 19. Jahrhundert zum Inbegriff der deutschen Romantik machte.

Ja, wir leben tatsächlich in einer der schönsten Städte Deutschlands. Rings um die Stadt liegen jede Menge Ausflugsziele: Wenn es uns ins Grüne zieht, sind wir in Nullkommanix im sagenumwobenen Odenwald oder im Neckartal mit seinen vielen Burgen, und wenn luftige Höhen rufen, ist es nur ein Katzensprung auf unsere beiden Hausberge Königstuhl und Heiligenberg.

In »Heidelberg – Unterwegs mit deinen Lieblingsmenschen« nehme ich euch mit auf eine kulturelle, kulinarische und kreative Reise durch Deutschlands älteste Universitätsstadt, die weit mehr zu bieten hat als das, für was sie seit Jahrhunderten weltberühmt ist.

Ihr lernt Orte kennen wie das Felsenmeer, die Himmelsleiter oder das Naturschutzgebiet Altneckar, die sich perfekt für eine unvergessliche Zeit mit dem Lieblingsmenschen anbieten, sowie kleine Abenteuer, die sich hervorragend in den Alltag integrieren lassen.

Lernt eure Stadt auf neue Weise kennen, entdeckt Orte, an denen ihr noch nie wart, und Aktivitäten, die neu für euch sind. Dabei wünsche ich euch viel Vergnügen!

ZEIT MIT EINEM MENSCHEN ZU TEILEN,

IST DAS KOSTBARSTE GESCHENK.

(SINAN GÖNÜL, WIRTSCHAFTSWISSENSCHAFTLER UND APHORISTIKER)

EINLADUNG ZUM AUSFÜLLEN, ABFOTOGRAFIEREN UND TEILEN

Hallo Lieblingsmensch,

ich blättere gerade durch das Buch »Heidelberg. Unterwegs

mit deinen Lieblingsmenschen« und möchte total gern

Seite ______ mit dir teilen.

Es geht um ____.

Hast du Lust?

Dann lass uns am ________________________ dort treffen.

Voller Vorfreude

____

GEMEINSAM AKTIV SEIN

ARM IN ARM DIE STADT ERKUNDEN

MITEINANDER ENTSPANNEN

ZUSAMMEN KREATIV WERDEN

KÖSTLICHKEITEN TEILEN

SEITE AN SEITE KULTUR ERLEBEN

MIT DEM LIEBLINGSMENSCHEN

Gemeinsam aktiv sein

ZU ZWEIT IN DIE PEDALE TRETEN

TANDEM LEIHEN BEI JOYRIDES

Emil-Maier-Str. 16, 69115 Heidelberg
www.joyrides-rent.de, wichtig: vorab online reservieren
ÖPNV: Haltestelle Betriebshof

Es ist gar nicht so schwer, wie es aussieht, und schon nach kurzer Einweisung kann's losgehen. Wer vorne sitzt, ist »Captain«, wer hinten sitzt, ist »Stoker«, wie die Engländer sagen. Die müssen es wissen, denn »offiziell« erfunden wurde das Tandem 1898 zwar von dem Dänen Mikael Pedersen, der aber in England lebte.

Kapitän und Heizer. Na ja, Lenker und Hintermann bzw. Hinterfrau klingt besser. Wer vorne am Lenker sitzt, bestimmt die Fahrtrichtung, entscheidet, wann angehalten und weitergefahren wird, und sorgt für das Gleichgewicht beim Fahren und beim Stehen.

Beide müssen nicht unbedingt gleich stark in die Pedale treten, aber wer hinten sitzt, sollte den Vordermann oder die Vorderfrau nicht allein strampeln lassen. Das wäre nicht fair. Wer lenkt, sollte allerdings rechtzeitig mitteilen, wenn ein Schlagloch auftaucht, einem Hindernis ausgewichen oder unerwartet gebremst werden muss. Wer hinten sitzt, hat die bessere Karte gezogen, denn man muss sich nicht auf den Verkehr konzentrieren, hat Zeit, die vorbeiziehende Landschaft zu genießen und dabei auch das eine oder andere Foto zu schießen.

Von der Emil-Maier-Straße, wo ihr das Tandem abholt, seid ihr schnell auf dem Neckar-Radweg Richtung Mannheim. In Edingen (7 Kilometer) ist Zeit für ein Eis im Eiscafé Leone. Nach der leckeren Stärkung ist Positionswechsel, denn wer die ganze Zeit über gelenkt und die Fahrsituation beobachtet hat, möchte schließlich auch mal in den Genuss des süßen Nichtstuns auf dem Hintersitz kommen.

ZWISCHEN RIESENSTEINEN WANDERN

FELSENMEER AM KÖNIGSTUHL

69118 Heidelberg, südlich von Schlierbach
ÖPNV: Bergbahn Haltestelle Königstuhl

Ihr kennt nur das legendäre Felsenmeer im Lautertal im hessischen Odenwald? Zugegeben, die gigantischen Steinbrocken dort sind phänomenal, aber auch das Heidelberger Felsenmeer hat ein gewisses Etwas. Der schönste, aber auch anstrengendste Weg dorthin führt über die 1.200 Stufen der Himmelsleiter. Der einfachste ist die Fahrt mit der Bergbahn zur Station Königstuhl, von wo aus es über den Rodelweg nur eine 1,6 Kilometer lange Wanderung ist, zuerst eben, dann abwärts ins Reich der Steine. Dort betretet ihr eine mystisch anmutende Welt mit rundgeschliffenen Steinblöcken und Felslagerungen, von denen viele mit Flechten und Moosen überzogen sind. Rund 90 Moosarten wurden hier gezählt, darunter das seltene Leuchtmoos und das gefährdete Grüne Koboldmoos. Ein schmaler steinerner Pfad führt durch das Meer der Felsen, das gut die Filmkulisse für einen Märchenfilm sein könnte. Fast erwartet man, dass ein Troll hinter einem der Felsblöcke hervorlugt. An Wochentagen ist hier kaum ein Mensch unterwegs, was den Ort umso geheimnisvoller macht.

Das Felsenmeer, das 1956 unter Schutz gestellt wurde, ist Teil des Naturschutzgebiets »Felsenmeer, Russenstein, Naturpark Michelsbrunnen«. Die eiszeitliche Formation entstand vor etwa 2,6 Millionen Jahren. Man nimmt an, dass tektonische Spannungen Risse im Berggestein verursachten, in die Wasser eindrang, das den Bundsandstein abnutzte und bei Frost sprengte. Die Frostsprengung wiederum verursachte Spalten, die Blöcke vom Gestein abtrennten. Das geschah natürlich nicht von heute auf morgen, sondern im Laufe von Jahrtausenden.

WIE FRED ASTAIRE STEPPEN

STUDIO CLAQUETTE

Karlsruher Straße 99, 69126 Heidelberg
www.steptanz-heidelberg.de
ÖPNV: Haltestelle Rohrbach Markt

Möchtet ihr nicht auch mal so flott übers Parkett steppen wie der leichtfüßigste Tänzer der Filmgeschichte? Davon träumte Sabine Koch, als sie sich in jungen Jahren begeistert Fred-Astaire-Filme anschaute. Als der neu aufblühende Stepptanz in den 1980er Jahren von den USA nach Europa schwappte, war sie Feuer und Flamme, nahm Unterricht und gründete 1991 ihre eigene Stepptanzschule, das Studio Claquette. Dort könnt ihr lernen, wie eure Füße in Kombination mit den Schuhen und dem Tanzboden zum Perkussionsinstrument werden, denn beim Steppen musiziert und tanzt ihr gleichzeitig. Grundschritte, wie etwa beim Walzer, gibt es beim Stepptanz nicht. »Es gibt Aufschlagstechniken, die nach und nach erlernt werden«, so Sabine Koch, die den Tanz mit dem Spielen eines Musikinstruments vergleicht.

Der Stepptanz (englisch Tap dance, französisch Claquettes) entwickelte sich in der ersten Hälfte des 19. Jahrhunderts in New York aus afrikanischem Shuffle, irischem und schottischen Step dance und Jig. Vor allem Afro-Amerikaner waren an der Entwicklung maßgebend beteiligt, so Eddie Rector, Pete Nugent und Bill »Bojangles« Robinson, der als Vater des modernen Stepptanzes gilt und wie viele Stepptänzer eng mit Jazzmusikern zusammenarbeitete.

Für den klackernden Ton sorgen Metallplatten an Absatz und Sohle. Die Möglichkeiten, mit den vier Eisenplatten Rhythmen zu erzeugen, sind fast so unbegrenzt wie beim Schlagzeug. Es können Rhythmen in allen Variationen gesteppt werden, schnell, langsam, laut oder leise und zu allen Musikstilen ganz nach persönlichen Vorlieben, egal ob Pop, Swing, Salsa, Jazz, Blues, Klassik oder auch ganz ohne Musik.

Seine große Zeit erlebte der Tap Dance zwischen 1900 und 1955 am Broadway und an anderen Theatern von der Ost- bis zur Westküste der USA – es gab kaum eine Show ohne Tänzer, die über die Bühne steppten. Ab den 1930er Jahren nahm Hollywood einige der besten Stepptänzer unter Vertrag: Fred Astaire, Ginger Rogers, Gene Kelly, Bill »Bojangles« Robinson und die fabelhaften Nicholas Brothers. Schaut euch mal auf YouTube Videos an, mit welcher Leichtigkeit ihre Füße übers Parkett fliegen.

Klar, so zu steppen könnt ihr nicht von heute auf morgen lernen. Aber egal, wie alt oder jung ihr seid, mit etwas Übung lernt ihr im Kurs Schritt für Schritt das ABC der Steppschritte. Einige Voraussetzungen solltet ihr allerdings mitbringen: Ausdauer, Kondition sowie ein Gefühl für Musik und Rhythmus.

»Steppen ist einfach, aber auch schwer. Einfach, weil man schon sehr bald einen schönen, groovigen Rhythmus erzeugen kann. Schwer, weil man immer ›weiter‹ will: komplexere Rhythmen mit schwierigeren Aufschlagstechniken, schneller usw. Und das hört nie auf«, erklärt Sabine Koch. Wenn ihr fleißig übt, könnt ihr bald mit eurem Lieblingsmenschen um die Wette steppen. Und eines Tages vielleicht zumindest ansatzweise so gut wie der legendäre Fred Astaire. Absolviert einfach mal eine Probestunde, um zu sehen, ob Stepptanz etwas für euch ist. Die klackernden Schuhe für das Probestündchen könnt ihr im Studio Claquette ausleihen.

RESTAURANTS UND BIERGÄRTEN MIT WASSERBLICK

Grill 16 – Feierabenddrink am Neckar
Vangerowstraße 16, 69115 Heidelberg
Steakhouse und Terrasse im Marriott-Hotel sind auch für Nicht-Hotelgäste geöffnet.

Das Bootshaus – Bar und Grill am Neckar
Schurmanstraße 2, 69115 Heidelberg
➤ www.dasbootshaus.com

Der kleine Spanier
Tapas und Paella an der Alten Brücke
Obere Neckarstraße 1, 69117 Heidelberg
➤ www.der-kleine-spanier.de

Chambao & Chambino
Leckere Cocktails und kreative Küche
Dreikönigstraße 1–3, 69117 Heidelberg
➤ chambao-heidelberg.de

KU17 – Kiosk-Lokal mit Terrasse an der Neckarwiese
Uferstraße 17, 69117 Heidelberg
➤ www.ku17.de

Moghul – Indisch schlemmen am Ende der Theodor-Heuss-Brücke
Brückenkopfstraße 1, 69120 Heidelberg
➤ www.moghul-heidelberg.com

AUF DEN NECKAR HINAUSSTRAMPELN

BOOTSVERLEIH AM NECKARUFER

Uferstraße, 69120 Heidelberg
ÖPNV: Haltestelle Bismarckplatz

Verbringt ihr einen strahlenden Sommertag gern auf der Neckarwiese nah am Wasser? Wechselt doch zur Abwechslung mal die Perspektive und mietet ein Tretboot. Beim Tretbootfahren lernt ihr die Umgebung aus einem ganz neuen Blickwinkel kennen. Die Altstadt mit Schloss und Königstuhl auf der einen, Neuenheim mit seinen herrschaftlichen Häusern und dem Philosophenweg auf der anderen Seite erscheinen noch mal so schön.

Ihr seid noch nie mit einem Tretboot gefahren? Das ist ganz einfach. Ihr springt zu zweit, zu dritt oder zu viert hinein, verteilt das Gewicht richtig, damit das Boot gleichmäßig im Wasser liegt, und tretet in die Pedale. Durchs permanente Treten wird unter dem Boot ein Schaufelrad angetrieben, sodass es sich wie ein Mississippi-Dampfer durchs Wasser pflügt. So laut wie der legendäre Südstaatendampfer ist das Tretboot natürlich nicht, die Technik ist jedoch ähnlich.

Je schneller ihr in die Pedale tretet, desto schneller fahrt ihr. Das ist wie beim Fahrradfahren, inklusive Lenker. Das Steuerrad befindet sich auf der rechten Seite – wer also rechts sitzt, der lenkt. Bei einem Wendemanöver könnt ihr übrigens auch rückwärts treten. In den Tretpausen lasst ihr euch auf dem Fluss treiben und genießt den einmaligen Blick auf die Umgebung. Allerdings solltet ihr das in Ufernähe tun, um Frachtschiffen und Ausflugsdampfern nicht in die Quere zu kommen. Bemerkt ihr diese zu spät, müsst ihr beim Ausweichen ganz schön in die Pedale treten. Da das größere Schiff Wellen verursacht, könnt ihr euch wunderbar schaukeln lassen. Keine Angst, das Tretboot kentert bei Wellengang nicht!

DIE HÖHLE DES EREMITEN BESTAUNEN

DOSSENHEIMER KLAUSE

69221 Dossenheim
Nordöstlich des Dorfkerns auf dem Südosthang des hinteren Kirchbergs
ÖPNV: Haltestelle Bahnhof Dossenheim

Vor mehr als 250 Jahren hauste im Wald von Dossenheim mal ein Österreicher, der Franz von Assisi nacheiferte. Man weiß nicht viel über ihn, seine Klause hat sich im Laufe der Jahrhunderte aber kaum verändert. Um dorthin zu gelangen, fahrt ihr mit der Straßenbahn Nummer 5 ab dem Bismarckplatz in 13 Minuten nach Dossenheim. Ausgangspunkt dort ist die Haltestelle Bahnhof. Von hier geht ihr zu Fuß zur Talstraße und von dort weiter in den Wald zur Klause. Insgesamt müsst ihr etwa zweieinhalb Kilometer bewältigen. Google Maps führt euch direkt hin. Aber aufgepasst, vor lauter Bäumen übersieht man die Klause fast, denn der riesige, moosbewachsene Felsklotz liegt abseits des Waldwegs etwas bergab.

Hier hauste der Eremit Johann Georg Kernstock, der dem Dritten Orden der Franziskaner angehörte. Aus einem katholischen Kirchenbuch weiß man, dass er im Jahr 1735 als Protestant geboren wurde und später zum Katholizismus konvertierte. Wie Kernstock seine Eremitage wohl entdeckt hatte? Durch gezielte Suche oder durch Zufall bei einem Spaziergang im Wald? Um sie wohnlich zu machen, soll er den Felsen weiter ausgehöhlt und die Wände mit Steinen ausgemauert haben, sodass ihm knapp zehn Quadratmeter Wohnraum zur Verfügung standen. Schaut euch die Klause von innen an. Dazu müsst ihr aber in die Knie gehen, denn die Öffnung ist sehr niedrig – dafür könnt ihr drinnen aufrecht stehen. Was aus Johann Georg Kernstock wurde, ist nicht bekannt. Er soll die Klause nach 1770 verlassen haben.

AUF DEN SPUREN VON BERTHA BENZ FAHREN

BERTHA BENZ MEMORIAL ROUTE

Startpunkt Automuseum Dr. Carl Benz
Ilvesheimer Straße 26, 68526 Ladenburg
Route: www.bertha-benz.de

Bertha Benz gilt als die erste Autofahrerin der Welt. Ihr Mann, der Autopionier, fand sie sogar wagemutiger als sich selbst. Dieser hatte zwar schon seit zwei Jahren ein Patent für seinen dreirädrigen Motorwagen Nummer 1 und diesen auch schon zum Modell Nummer 3 weiterentwickelt, Käufer blieben jedoch aus. Was vor allem daran lag, dass der Beweis fehlte, dass die »pferdelose Kutsche« auch auf großen Strecken zuverlässig funktionierte. So packte die technisch versierte Bertha eines schönen Augusttages im Jahr 1888 in aller Frühe ihre halbwüchsigen Söhne Eugen und Richard auf den dreirädrigen Motorwagen Nummer 3 und startete die weltweit erste Fernfahrt mit einem Automobil. Mit einer Höchstgeschwindigkeit von 20 km/h ging die aufsehenerregende Reise auf holprigen Wegen von Mannheim zu einem Verwandtschaftsbesuch ins über 90 Kilometer entfernte Pforzheim und ein paar Tage später über eine andere Route wieder zurück. Technische Probleme während der Probefahrt konnte die Fahrerin mit Hutnadel und Strumpfband aus der Welt schaffen, der Rest ist Geschichte.

Die 2008 eingeweihte 194 Kilometer lange Strecke wurde als Bertha Benz Memorial Route zum Denkmal der Industriegeschichte. Die Hinfahrt verläuft in südlicher Richtung durch das Weinbaugebiet Badens in circa 104 Kilometern von Mannheim nach Pforzheim, die Rückfahrt führt auf einer anderen, etwa 90 Kilometer langen Strecke zurück.

Wie wäre es, wenn ihr zusammen mit einem Lieblingsmenschen einen Teil der Strecke nachfahrt? Zugegeben, die hundertprozentig

exakte Route ist es nicht, da es vor über 130 Jahren noch keine Straßen gab, wie wir sie heute kennen, und einige der Wege, die Bertha Benz fuhr, nur für landwirtschaftlichen Verkehr und Fahrräder offen oder heute Fußgängerzonen sind.
Ihr könnt euch zum Beispiel den etwa 30 Kilometer langen Streckenabschnitt von Ladenburg über Schriesheim, Dossenheim, Heidelberg, Leimen und Nußloch nach Wiesloch herauspicken und euch vor der Fahrt in Ladenburg im Automuseum Dr. Carl Benz auf spannende Entdeckungsreise begeben. Das Museum ist in den Hallen der historischen Benz-Fabrik untergebracht. Schaut euch in der nachgestellten Werkstatt an, wie das erste Automobil der Welt entstanden ist. Den legendären Patent-Motorwagen Nummer 3 könnt ihr zwar nicht bestaunen – der steht seit 1913 im Science Museum in London –, dafür jede Menge schicke Mercedes-Benz-Automobile aus allen Produktionsepochen. Die Familie Benz lebte ab 1905 in einer eleganten Gründerzeitvilla am Dr.-Carl-Benz-Platz, drei bis vier Autominuten südöstlich des Museums. Werft vom Auto aus einen Blick auf die Villa.

In Wiesloch ging Bertha Benz übrigens der Sprit aus. Sie marschierte zur nächsten Apotheke, um Ligroin zu kaufen, ein Leichtbenzin, das seit 1850 als Reinigungsmittel verwendet wurde und damals auch als Kraftstoff diente. So wurde die Wieslocher Stadt-Apotheke zur ersten Tankstelle der Welt. Die Apotheke in der Hauptstraße existiert noch immer. Den historischen Raum mit der Einrichtung aus der Zeit, als Bertha Benz ihn 1888 betrat, dürft ihr euch nach vorheriger telefonischer Anmeldung (stadtapotheke-wiesloch.de) anschauen.

SIGHTSEEING AUF DER BERTHA BENZ MEMORIAL ROUTE

Besucherbergwerk »Grube Anna-Elisabeth« in Schriesheim
Das Silber- und Vitriolbergwerk war bis 1817 in Betrieb und kann von April bis Oktober nach Voranmeldung besichtigt werden.
➼ www.bergwerk-schriesheim.de

Steinbruch Leferenz in Dossenheim
Anhand von Schautafeln wird vermittelt, wie das Arbeiten im Steinbruch mal aussah. Auf einem Rundgang könnt ihr Schaustücke bestaunen wie Brechanlage, Feldbahn und den Schutzraum des Sprengmeisters. An bestimmten Wochenenden dürft ihr sogar auf die Feldbahn aufspringen.
➼ dossenheim.de

GEMEINSAM FREUDENSPRÜNGE MACHEN

SPRUNGBUDE

Harbigweg 1–3, 69124 Heidelberg
sprungbude-heidelberg.de
ÖPNV: Haltestelle Messplatz

Möchtet ihr mal so richtig nach Herzenslust springen und dabei für den Bruchteil einer Sekunde ein Gefühl der Schwerelosigkeit erleben? Das Trampolin macht's möglich. Je nach Sprungkraft könnt ihr eine beachtliche Höhe erreichen und euch in der Flugphase nach oben so leicht wie eine Feder fühlen. Trampolinspringen macht nicht nur Spaß, sondern auch gute Laune. In der Sprungbude erwartet euch auf 2.500 Quadratmetern eine gigantische Hüpflandschaft mit 80 Trampolinen. Eurer Sprungfreiheit sind keine Grenzen gesetzt!

Wusstet ihr, dass zehn Minuten Trampolinspringen so effektiv sind wie 30 Minuten Joggen, aber die Gelenke weit weniger belastet? Die Koordinationsfähigkeit wird verbessert, die Muskeln werden gestärkt, Verspannungen gelöst.

Eine Art Trampolin gab es schon lange, bevor Trampolinspringen als Sport populär wurde. Als »Erfinder« gelten die Yupik, die Ureinwohner Süd-Alaskas. Da es dort aufgrund des Permafrosts kaum Baumwuchs gibt und ergo keine Bäume, auf die Jäger steigen konnten, um nach Beute zu spähen, warfen die Yupik in vergangenen Zeiten einen Mann mit Hilfe von gespannten Walross-Häuten in die Luft, sodass dieser nach Tieren Ausschau halten konnte.

Das erste moderne Trampolin wurde in den 1930er Jahren vom amerikanischen Turner George Nissen gebaut. Die Idee dazu kam ihm, nachdem er im Zirkus Hochartisten beobachtet hatte, die im Sicherheitsfangnetz Kunststücke vollführten.

ENTLANG DES NATURSCHUTZGEBIETS RADELN

ALTNECKAR HEIDELBERG-WIEBLINGEN

Startpunkt: Wieblinger Wehr, Vangerowstraße 22, 69115 Heidelberg

Steigt unbedingt die Treppen zum Wehrsteg hinauf, bevor ihr losradelt. Von dort oben habt ihr einen hervorragenden Blick darauf, wie der Neckarkanal Schwabenheim vom eigentlichen Flusslauf abzweigt. Das Flussbett links gehört zum Natur- und Landschaftsschutzgebiet Altneckar Heidelberg-Wieblingen, das hier beginnt und Teil des Naturschutzgebiets Unterer Neckar ist.

Der fünf Kilometer lange, nicht schiffbare und naturbelassene Altarm des Neckars endet flussabwärts im Bereich der Schleuse Schwabenheim. Entstanden ist er in den 1920er Jahren, als der Fluss zur Schifffahrtsstraße ausgebaut wurde. Im Laufe der Jahrzehnte wurde der Altneckar zu einer einzigartigen Auenlandschaft, in der zahlreiche streng geschützte und vom Aussterben bedrohte Arten wie Eisvogel, Fischadler, Flussuferläufer, Silberreiher und Biber zu Hause sind. Die pelzigen Nagetiere, die Mitte des 20. Jahrhunderts in Baden-Württemberg ausgerottet waren, leben seit 2010 wieder am und im Neckar.

Kurz nach dem Wehr geht die Vangerowstraße in die endlos lange Mannheimer Straße über, die in drei Kilometern am Altneckar entlang nach Wieblingen führt. Es lohnt sich, unterwegs immer wieder mal vom Rad zu steigen, denn der Blick auf die faszinierende unberührte, wilde Flusslandschaft ist spektakulär. An einigen Stellen gibt es dicht bewachsene enge Pfade, die zum Wasser hinunterführen. Ihr seht Sandbänke und Schotterinseln mit Weiden-Gebüschen, Binsen und Schilfrohr und mit etwas Glück einen Graureiher, der nach Beute Ausschau hält.

Am Radweg kommt ihr an Infotafeln des Bundes für Umwelt- und Naturschutz vorbei, auf denen ihr Wissenswertes zu den Tieren im

Naturschutzgebiet erfahrt. So zum Beispiel, dass ihr hier im Mai und Juni bei einem Abendspaziergang den Gesang der Nachtigall hören, Kormorane erspähen und im Winter den metallisch blau und smaragdgrün glänzenden Eisvogel mit dem orangefarbenen Bauch beobachten könnt. Vielleicht hört ihr auch den unverkennbaren Pfiff des knallgelben Pirols mit den schwarzen Flügeln. Über 150 Vogelarten haben im Naturschutzgebiet Unterer Neckar ein Zuhause gefunden, darunter mehr als 50 Brutvogelarten und zahlreiche Wintergäste. Am 45,2 Hektar umfassenden Altneckar Heidelberg-Wieblingen sind es immerhin knapp 70 Arten.

Wenn ihr im Zentrum von Wieblingen ankommt, biegt ihr gleich gegenüber der Kirche am Elisabeth-von-Thadden-Platz rechts in die Klostergasse ein. Diese führt hinunter zum Neckarhamm. Dort stellt ihr euer Fahrrad an der Wiese ab und macht einen Spaziergang entlang der wunderschönen Auenlandschaft. Am Vormittag unter der Woche sind nur wenige Menschen unterwegs. Außer Vogelgezwitscher, dem sanften Plätschern des nicht sehr tiefen Altarms des Neckars, der hier eher einem Bach gleicht, und dem Ruf eines Kuckucks ist fast nichts zu hören an Heidelbergs letztem naturnahen Flussabschnitt. Mehr Idylle geht nicht.

HIER IST PLATZ FÜR EUER LIEBLINGSBILD

#LIEBLINGSMENSCHENUNTERWEGS

MAL GEGENEINANDER ANTRETEN

BADMINTON SPIELEN IN DER SOCCARENA

Harbigweg 8, 69124 Heidelberg
soccarena-hd.de
ÖPNV: Haltestelle Messplatz

Nein, mit Federball hat Badminton nur wenig zu tun. Ball und Schläger ähneln sich zwar, dennoch handelt es sich um zwei unterschiedliche Sportarten. Beim Federball geht es hauptsächlich um Spaß. Ihr könnt den Ball (Shuttlecock) auf jeder beliebigen Freizeitfläche hin und her schlagen, und Ziel ist eigentlich nur, dass er nicht zu Boden fällt. Das Spiel ist ein Miteinander, kein Gegeneinander. Badminton dagegen ist ein Sport mit Regeln. Ähnlich wie beim Tennis spielt ihr auf einem klar abgegrenzten Feld. Dieses ist jedoch um einiges kleiner als ein Tennisfeld, und das Netz hängt höher. Wichtig ist der richtige Aufschlag. Ihr versucht, den Federball so über das Netz zu schlagen, dass der Lieblingsmensch ihn nicht den Regeln entsprechend zurückschlagen kann.

Ein federballähnliches Rückschlagspiel wurde in Indien schon seit Jahrhunderten gespielt, bevor es in Europa populär wurde. Ein britischer Kolonialoffizier brachte das Spiel, das Poona hieß, 1872 auf den Landsitz des Duke of Beaufort in der Grafschaft Gloucestershire mit. Die anwesenden Gäste fanden Gefallen an dem Spiel und benannten es nach dem Landsitz, der Badminton House hieß. Bevor das Jahrhundert zu Ende ging, fanden die ersten »All England Open Badminton Championships« statt – unter Fans bis heute das Wimbledon des Badmintons. In Deutschland wurde der erste Badminton-Verein 1902 gegründet, populär wurde das Spiel aber erst Jahrzehnte später.

In der SoccArena stehen euch das ganze Jahr über vier Badminton-Courts zur Verfügung. Schläger und Bälle erhaltet ihr vor Ort.

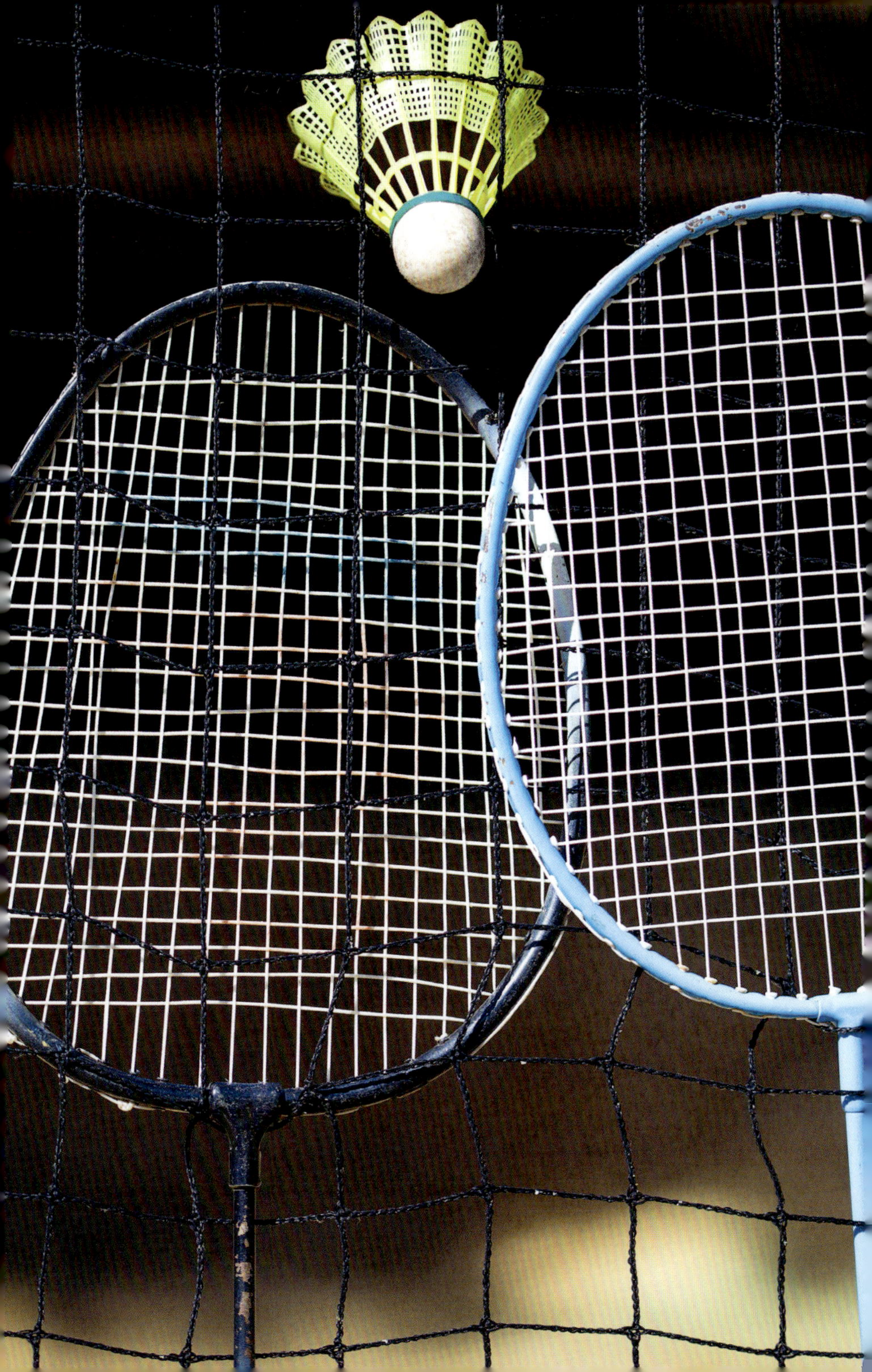

DIE KÜRZESTE KREUZFAHRT DER WELT MACHEN

NECKARHÄUSER FÄHRE

L597, 68535 Edingen-Neckarhausen
faehre-neckarhausen.eu
Anfahrt am besten mit Auto oder Fahrrad

Gemächlich ruckelt die Fähre von der einen Uferseite zur anderen. Fast wie ein Relikt aus vergangenen Zeiten. Tatsächlich soll es auf dem ganzen Neckar, und der ist immerhin 362 Kilometer lang, nur noch zwei Kettenfähren geben. Die eine verbindet Neckargemünd mit Neckarsteinach, diese hier Neckarhausen mit Ladenburg – und das schon seit mehr als 500 Jahren. Natürlich haben sich die Modelle der Fähre Neckarhausen im Laufe der Jahrhunderte verändert. Die heutige Fähre überquert den Neckar seit dem Jahr 2000. Ihre Vorgängerin konnte am Ende ihrer Dienstjahre auf eine turbulente Geschichte zurückblicken. Als die Neckarbrücke im Zweiten Weltkrieg 1945 gesprengt wurde, versenkten die Fährleute die Fähre in vier Metern Tiefe, um ihre Zerstörung zu verhindern. Nach dem Einmarsch der Amerikaner in Neckarhausen bargen sie die Fähre aus dem Fluss und machten sie wieder fahrtüchtig. Im Jahr 1976 wurde sie zur Hochseilfähre umgebaut, 1995 feierte sie mit einer großen Ausstellung ihren 100. Geburtstag. Ihre Nachfolgerin wird mit einem Dieselmotor betrieben und zieht sich entlang einer im Wasser liegenden Kette, die an beiden Ufern befestigt ist. Auf der Fähre haben um die 60 Personen oder maximal sechs Fahrzeuge Platz, sofern eines nicht mehr als sechs Tonnen wiegt.

Die Überfahrt dauert nur wenige idyllische Augenblicke – ist bei strahlendem Sonnenschein und blau glitzerndem Neckar aber jede Sekunde wert. Mit dem Rad seid ihr von Heidelberg in weniger als 30 Minuten da – lasst euch samt Rad nach Ladenburg übersetzen.

IN DEN WEINBERGEN WANDERN

ERLEBNISWANDERWEG WEIN UND KULTUR

Startpunkt: Soldatenweg
weinwanderweg-rohrbach.de
ÖPNV: Haltestelle Rohrbach Süd

Wusstet ihr, dass der Stadtteil Rohrbach eine der ältesten Weinbaugemeinden an der Badischen Bergstraße ist? Das genaue Alter ist nicht bekannt, im Lorscher Kodex ist jedoch die Schenkung eines Weinbergs im Dezember des Jahres 766 vermerkt. Der Kodex der Benediktinerabtei Lorsch gibt einen Überblick über die Geschichte und die unzähligen Ländereien des im Mittelalter bedeutenden und mächtigen Klosters.

Den Erlebniswanderweg könnt ihr über fünf beschilderte Einstiegspunkte begehen: Im historischen Ortskern von Rohrbach, am Soldatenweg in Rohrbach-Süd, an der Seniorenresidenz Augustinum im Emmertsgrund, an der Haltestelle Haselnussweg auf dem Boxberg und an der L600 am Übergang zum Lehr- und Wanderweg Leimen. Wir entscheiden uns für den Einstieg am Soldatenweg, etwa 200 Meter oberhalb der Haltestelle Rohrbach Süd, denn da kann man prima hinradeln. Hier seht ihr Weinberge, so weit das Auge reicht. Drei Info-Tafeln geben einen Überblick über den Erlebniswanderweg und seine Einstiegspunkte, die Geologie der Region und den Geo-Naturpark Bergstraße-Odenwald, in den der Wanderweg eingebettet ist. Aus einem Kästchen an der Übersichtstafel Soldatenweg könnt ihr euch ein Faltblatt ziehen, auf dem der Erlebniswanderweg samt seiner 28 Stationen eingezeichnet ist. Der idyllische Weg führt euch auf rund acht Kilometern durch die historische Weinberglandschaft Rohrbachs. Unterwegs erfahrt ihr auf Schildern Wissenswertes zum Weinbau – von der Geschichte über die Rebsorten bis hin zu den Schädlingen.

Ihr müsst keinesfalls den ganzen Weg gehen. Schaut am besten auf die Übersicht im Faltblatt und entscheidet, welche Stationen euch am meisten interessieren. In diese Richtung macht ihr euch dann auf. Wenn ihr die westliche Richtung einschlagt, erfahrt ihr an der Station »Geschichte des Weinbaus in Rohrbach«, wann der Weinbau hier begann. Hättet ihr geahnt, dass noch in den 1960er Jahren fast jeder Rohrbacher seinen eigenen Weinberg besaß? Die Zukunft des örtlichen Weinbaus sichern heute eine Handvoll Hobbywinzer gemeinsam mit drei Weingütern. An der nächsten Station, den Streuobstwiesen, verweilt ihr garantiert länger, denn hier steht ihr vor herrlichen alten Obstbäumen. Auf der Infotafel erfahrt ihr, dass es hier einen Artenreichtum fast wie im tropischen Regenwald gibt. Im Sommer flattern Schmetterlinge umher, Eidechsen huschen vorbei und mit etwas Glück seht ihr sogar einen Specht. Einen Katzensprung weiter seid ihr bei »Wein und Kultur«. Als der österreichische Kaiser Joseph II. 1764 die Bergstraße besuchte, war er der Meinung, dass Deutschland hier anfange, Italien zu werden. Genießt das schöne Landschaftsbild! Bereit, ein paar »Rohrbacher Persönlichkeiten« kennenzulernen? Schaut euch an der nächsten Station Helden, schillernde Gesellen, Patrioten und Galionsfiguren vergangener Tage an.

Der Weg endet am Rohrbacher Schlösschen. Aber zuvor trefft ihr noch auf den Dichter Joseph von Eichendorff, der während seiner Heidelberger Studentenzeit 1807/08 unsterblich in die Rohrbacher Küferstochter Katharina Barbara Förster verliebt war. Auf sie soll sich sein Gedicht »Das zerbrochene Ringlein« beziehen.

RÖHRBACHER WEINGÜTER MIT VINOTHEKEN

Weingut Clauer
Dormenackerhof, 69126 Heidelberg
➸ www.weingut-clauer.de

Weingut Bauer
Winzerhof-Dachsbuckel 1, 69126 Heidelberg
➸ www.heidelberger-dachsbuckel.de

Weingut Hans Winter
Weingasse 2, 69126 Heidelberg
➸ www.weingut-hanswinter.de

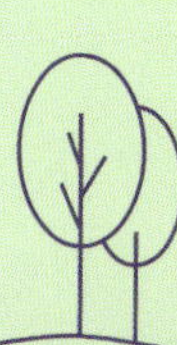

1.200 TREPPENSTUFEN RICHTUNG HIMMEL BEZWINGEN

DIE HIMMELSLEITER

Molkenkurweg, 69117 Heidelberg
ÖPNV: Haltestelle Molkenkurweg

Zugegeben, Treppensteigen ist nicht jedes Lieblingsmenschen Sache, aber der »Stairway to Heaven« ist ja nicht irgendeine Treppe. Die Stufen führen steil hinauf zum Königstuhl und zum schönsten Panoramablick über die Stadt und das Neckartal. Die ersten 300 Stufen schafft man im Nu, dann wird es anstrengend. Nach 600 Stufen hört man auf zu zählen, und die letzten Treppenmeter ist man überzeugt davon, nie oben anzukommen.

Die unregelmäßige Sandsteintreppe wurde ab 1844 gebaut. So sollte vermieden werden, dass Ausflügler querwaldein auf den Königstuhl hinaufmarschierten und dabei junge Waldpflanzen zertraten. Weil auf dem Weg hinauf 270 Höhenmeter überwunden werden müssen, wurde die Treppe im Volksmund schon bald Himmelsleiter genannt.

Ob Kaiserin Elisabeth von Österreich, die legendäre Sisi, wohl auch mal gen Himmel wandelte, als sie zu Besuch in Heidelberg war? Garantiert! Nur wenige Gehminuten von der Himmelsleiter entfernt weist ein Schild an der Schwartz'schen Villa am Molkenkurweg darauf hin, dass sie dort im Sommer 1887 logierte. Von Sisi weiß man, dass sie täglich lange Gewaltmärsche unternahm, um ihre extrem schlanke Figur zu halten. Während ihres Aufenthalts soll sie mehrmals auf den Königstuhl hinaufgewandert sein.

45 Minuten dauert es, bis ihr die letzte Stufe erklommen habt. Der großartige Panoramablick macht die Mühsal des Aufstiegs jedoch sofort wett. Jetzt wieder hinuntersteigen? Bloß nicht! Zum Glück fährt die Bergbahn hinunter in die Altstadt.

IN EINE SCHLUCHT STEIGEN

MARGARETHENSCHLUCHT

69437 Neckargerach
ÖPNV: Haltestelle S-Bahnhof Neckargerach

Die spektakuläre Schlucht mit dem höchsten Wasserfall des Odenwaldes liegt zwar nicht direkt vor den Toren Heidelbergs, ist aber ein relativ nahes und auf jeden Fall lohnendes Ausflugsziel. In 45 S-Bahnminuten seid ihr in Neckargerach und in weiteren 30 Fußminuten am Eingang zur Schlucht. Verlaufen könnt ihr euch nicht, sofern ihr ab dem Bahnhof der Beschilderung folgt. Vergesst nicht, in feste Wanderschuhe zu schlüpfen, bevor ihr das Haus verlasst, denn in der Schlucht geht es bisweilen steil hinauf. Besonders wenn es am Vortag geregnet hat, ist es mitunter ganz schön matschig, und man rutscht in den falschen Schuhen leicht aus. Ein Schild am Eingang zur Schlucht weist darauf hin, dass es sich hier um einen alpinen Klettersteig handelt, den nur geübte Wanderer begehen sollten, dass Absturz- und Steinschlaggefahr besteht und der Weg unbefestigt ist. Also, macht euch mit einem Lieblingsmenschen auf den Weg, der schwindelfrei und trittsicher ist, und lasst Turnschuhe und Sneaker zu Hause!

Der Weg zur klammartigen Schlucht ist ein Spaziergang, schwierig wird es erst, wenn ihr den Einstieg hinter euch habt und ihr euch inmitten unberührter Natur in einem dichten Buchenwald befindet, wo es fließt, rauscht und plätschert. Mit seinen Felsformationen und Farnen, die aus Felsspalten wachsen, hat der Ort etwas Mystisches. Das dunkelgrüne Moos auf den Steinen tut sein Übriges. Zum Wasserfall führen schmale Pfade entlang des Flursbachs serpentinenartig bergauf. Der Bach, der südlich von Reichenbuch bei Mosbach entspringt, gräbt sich seinen Weg schon seit Urzeiten durch das steil abfallende Waldstück. Passt auf, dass ihr nicht über eine der knorrigen Wurzeln

stolpert, die den Pfad pflastern, und übersieht den Fels nicht, der an einem Abhang in den Weg ragt. Hier müsst ihr euch geschickt vorbeihangeln. Geht am besten nicht nebeneinander, sondern hintereinander. Gebt acht, wenn ihr den Bach quert – die Steine sind glitschig.

Auch wenn der Hauptteil der Schlucht nur 300 Meter lang ist, haben diese es stellenweise ganz schön in sich. Obwohl zur abschüssigen Seite hin Drahtseile für Sicherheit sorgen, solltet ihr nun besonders vorsichtig sein und genau schauen, wohin ihr tretet. Hier stürzt der Bach auf 110 Metern in mehreren Kaskaden in die Tiefe und dem Neckar entgegen. Hin und wieder stürzen unvorsichtige Wanderer, und das Abenteuer endet mitunter mit einem Beinbruch.

Die Strapazen der kurzen, aber mühsamen Wanderung sind beim Blick auf den Wasserfall sofort vergessen. Es bietet sich euch ein überwältigendes Bild. Ganz besonders im Frühjahr oder Herbst, wenn der Flursbach nach heftigen Regenfällen viel Wasser führt und sich in einen wilden Strom verwandelt. Niagarafälle des Odenwaldes, hört man oft scherzhaft.

Die Margarethenschlucht, die Teil des Naturparks Neckartal-Odenwald ist, wurde 1940 zum Naturschutzgebiet erklärt. Sie gilt als uraltes Reich der Farne und Tal der Feuersalamander. Wenn ihr die Augen offenhaltet, seht ihr im Sommer mit etwas Glück den einen oder anderen der schwarz-gelben Lurche vorbeihuschen. Informatives zu dem geschützten Reptil findet ihr auf einem Hinweisschild.

Denkt daran, wenn ihr euch auf den Rückweg macht: Der Weg aus der Schlucht ist nur halb so mühsam.

DER WALD

GEHÖRT ZU DEN BESTEN TANKSTELLEN,

WO MAN SEINE BATTERIEN

WIEDER AUFLADEN KANN.

(ERNST FERSTL, ÖSTERREICHISCHER SCHRIFTSTELLER)

MIT DEM VIERBEINER AM NECKAR TOBEN

HUNDEWIESE

Neckarwiese, 69120 Heidelberg
ÖPNV: Haltestelle Brückenstraße

Gemeinsam mit einem Lieblingsmenschen und dessen und/oder dem eigenen Hund spazieren zu gehen macht nicht nur Spaß, es freut auch den Vierbeiner. Vor allem, wenn es in eine Gegend geht, die er noch nicht kennt und wo es viel Neues zu beschnuppern gibt. Wie auf der Hundewiese am nördlichen Neckarufer zwischen der Ernst-Walz-Brücke und dem Wehrsteg, direkt hinter der Skateranlage. Sofern Hund, Herrchen oder Frauchen nicht in der Nähe wohnen und dort ohnehin öfter spazieren gehen.

Auf dem idyllisch am Fluss gelegenen Weg, der von zwei Streifen Wiese mit Bäumen gesäumt wird, gibt es keinen Leinenzwang wie auf der Neckarwiese. Hier können sich Hunde nach Herzenslust austoben und auf gut einem Kilometer frei laufen, rennen, toben, spielen und Frisbeescheiben hinterherjagen, ohne dass sich Gänse, Fußgänger, Radfahrer oder Jogger gestört fühlen. Auf der Freilauffläche finden eure Vierbeiner schnell Kontakt zu Artgenossen und haben dabei jede Menge Gelegenheit, soziales Verhalten zu lernen. Nicht nur Hunde finden hier neue Freunde, auch ihr lernt neue Menschen kennen, denn es gibt nichts Einfacheres auf der Welt, als über den eigenen Hund mit anderen Hundebesitzerinnen oder Hundebesitzern ins Gespräch zu kommen. Aber auch ohne selbst mit einem Hund spazieren zu gehen, ist es unterhaltsam, den großen und kleinen Vierbeinern und ihrem Treiben zuzuschauen. Entlang des Wegs stehen Bänke, die einen herrlichen Blick aufs gegenüberliegende Ufer bieten, und schattenspendende Bäume laden an sonnigen Tagen dazu ein, unter ihnen Platz zu nehmen.

ÜBER DEN DÄCHERN DER STADT KLETTERN

RIESENSTEIN

Johannes-Hoops-Weg, 69117 Heidelberg
felsinfo.alpenverein.de (bei »Felssuche« Riesenstein eingeben)
ÖPNV: Haltestelle Friedrich-Ebert-Platz

Wenn ihr und euer Lieblingsmensch gern in luftigen Höhen unterwegs seid und den Riesenstein noch nicht kennt, solltet ihr euch unbedingt mal zu einer Boulder- oder Kletterpartie dorthin aufmachen. Erfahrung in einer dieser Sportarten natürlich vorausgesetzt. An der Bushaltestelle Friedrich-Ebert-Platz am Gaisbergtunnel führt ein Zickzackweg in weniger als 15 Minuten hinauf zu einem Forstweg. Oben angekommen, folgt ihr dem Weg in linker Richtung – der Riesenstein ist nur einen Katzensprung entfernt.

Das kleine Boulder- und Klettergebiet Riesenstein am Hang des Gaisbergs über der Altstadt besteht aus zwei festen Sandsteinfelsen: dem kleineren Massiv Riesenstein I mit zwei vorgelagerten Boulderblöcken und dem etwa 17 Meter hohen senkrechten Wandmassiv Riesenstein II, das den Spitznamen Kakerlakenwand trägt. Am Riesenstein II darf in den ausgewiesenen Zonen geklettert werden – es gibt zahlreiche Routen mit verschiedenen Schwierigkeitsgraden. Die maximale Höhe am Boulderfelsen beträgt acht Meter.

Der Sage nach sind die beiden Felsen einem kleinen Riesen zu verdanken, der mit seinen Eltern auf dem gegenüberliegenden Heiligenberg wohnte. Eines Tages wollte der Junior dem Vater demonstrieren, wie stark er schon war. Er nahm einen gigantischen Stein und warf ihn übers Neckartal. Gleich darauf warf er einen zweiten, der auf dem ersten liegen blieb und so den Riesenstein bildete. Tatsächlich war das Gebiet mal ein Steinbruch.

Über dem Felsen befindet sich die Aussichtskanzel Riesenstein, die einen atemberaubenden Blick auf die Altstadt, den Heiligenberg und das Neckartal bietet.

AUF DEM BURGENWEG WANDERN

VIERBURGENSTADT NECKARSTEINACH

Schloßsteige, 69239 Neckarsteinach
ÖPNV: Haltestelle Bahnhof Neckarsteinach

Dass der Blick hinauf auf die vier Neckarsteinacher Burgen unschlagbar ist, kennt ihr von der Vierburgenfahrt auf dem Neckar, die jeder, der hier lebt, schon einmal gemacht hat. Richtig? Aber kennt ihr auch den Blick von den Burgen hinunter aufs Neckartal? Auch der ist nicht schlecht.

Neckarsteinach liegt nur 15 bis 20 S-Bahn-Minuten von Heidelberg entfernt. Vom Bahnhof zur Schloßsteige, die zu den Burgen führt, ist es nur ein kurzer Fußmarsch. Die Vorderburg, die über der Altstadt liegt, ist bewohnt und kann nicht besichtigt werden. Die Wanderung beginnt am »Kunstweg Neckarsteinach«, der euch von der Mittelburg bis zur Burg Schadeck begleitet. Der Kunstweg kam zustande, als sich im Sommer 2004 sechs Künstler eine Woche lang in dem Vierburgenstädtchen trafen, um in einem »Atelier unter freiem Himmel« sechs Kunstwerke zu schaffen.

Die erste Burg, die ins Auge fällt, ist die prächtige Mittelburg mit mächtigen Mauern und Zinnen. Sie wurde im 12. Jahrhundert für die Edelfreien von Steinach erbaut. Vielleicht habt ihr schon mal von dem berühmtesten Familienmitglied gehört, dem Minnesänger Bligger von Steinach. Heute ist die Burg im Besitz der Familie von Warsberg, die sie bewohnt. Besichtigt werden kann sie daher nicht. An der Burg vorbei steht links am Weg die Holzskulptur »Engel für Neckarsteinach« des österreichischen Künstlers Helmut Reinisch.

Nun seht ihr auch schon die Hinterburg. Sie wurde um 1100 errichtet und ist die älteste der vier Burgen. Da sie dem Dreißigjährigen Krieg (1618–1648) zum Opfer fiel und nicht wieder aufgebaut wurde,

ist außer ein paar Mauern und Torbögen nicht mehr viel von ihr übrig. Einzig der Burgfried blieb unzerstört. Der Weg hinauf zur Aussichtsplattform in 22 Metern Höhe lohnt sich – sie gibt einen spektakulären Blick aufs Neckartal frei.

Nicht zu übersehen ist rechts vor der Burg mit der Hand am Ohr der »Lauscher«, eine Skulptur der Odenwälderin Sieglinde Gros. Es sieht aus, als würde er lauschen, was hinter den dicken Mauern der Ruine vor sich geht. Ein paar Meter weiter turteln »Die Liebenden« aus Stein des Untersteinbacher Bildhauers Manfred Reinhart, gefolgt von der »Ausschau«, der Berliner Künstlerin Roswitha Schaab. Wenn ihr die Skulpturen gesehen habt, geht ein paar Schritte zurück zu den Stufen, die in den Wald hinaufführen. Das ist zwar anstrengender, als auf dem Weg weiterzumarschieren, aber es macht mehr Spaß, und die Aussicht durch die Bäume auf die Hinterburg und den Neckar ist grandios. Wenig später gelangt ihr wieder auf den normalen Pfad.

Der Kunstweg endet kurz vor der Burg Schadeck, auch Schwalbennest genannt, mit dem Werk des Abtsteinacher Bildhauers Martin Hintenlang »Tempora mutant et nos mutamur in illis.« (Die Zeiten ändern sich und wir ändern uns in ihnen.) Die jüngste der vier Burgen wurde 1230 an einem Steilhang errichtet. Über einen Bergfried verfügt sie nicht, dafür über eine zweiflügelige Schildmauer mit zwei runden Erkertürmen und einem einmaligen Blick zur Mittelburg sowie auf die Burgfeste Dilsberg auf der gegenüberliegenden Neckarseite. Auf demselben Weg, den ihr gekommen seid, wandert ihr nun in die Neckarsteinacher Altstadt zurück.

HOLLYWOOD IN NECKARSTEINACH

Auch Hollywood fand den Blick hinauf auf die Burgen unschlagbar und nutzte sie als Kulissen in zwei Filmen.

In der 1948 gedrehten Nachkriegskomödie »Ich war eine männliche Kriegsbraut« rattert Cary Grant im Beiwagen eines Motorrads durch Neckarsteinach. Zugegeben, bei der rasanten Fahrt, die Ann Sheridan hinlegt, ist im Hintergrund kaum was zu erkennen, und kurz nach dem Krieg und in Schwarzweiß sah das Städtchen längst nicht so malerisch aus wie heute.

1964 waren Leinwand-Legende Alec Guinness und der damals noch unbekannte Robert Redford vor Ort. Szenen der Kriegskomödie »Lage hoffnungslos – aber nicht ernst« entstanden in Neckarsteinach. Die Hinterburg ist im Film gut zu erkennen.

EINE SPRITZTOUR MIT DEM KÄFER MACHEN

OLDTIMERVERMIETUNG HEIDELBERG

Infos und Reservierungen unter
www.oldtimer-heidelberg.de

Rings um Heidelberg gibt es allerhand zu entdecken. Ob Neckartal, Odenwald oder Bergstraße – die Möglichkeiten, das Wochenende mit dem Lieblingsmenschen in einzigartiger Umgebung und herrlicher Natur zu verbringen, sind zahlreich. Mit dem Auto sind es zu den schönsten Orten maximal 50 bis 70 Kilometer. Warum den Weg dorthin nicht mal auf ungewöhnliche Weise zurücklegen? Zum Beispiel in einem Käfer Cabrio 1303, Baujahr 1975. Der stiehlt glatt jedem Neuwagen die Schau! Die fehlende Technik ist schnell vergessen. Gern kurbelt man das Dach mit der Hand herunter, denn am schönsten ist die Fahrt doch immer oben ohne. Sofern das Wetter mitspielt. Jede Minute ist ein Genuss. Geschwindigkeit wird zur Nebensache, wenn der Käfer durchs burgenreiche Neckartal rollt oder sich über die kurvigen Straßen des Odenwalds schlängelt. Der warme Fahrtwind zerzaust die Haare, der unverwechselbare knatternde Sound des Klassikers der deutschen Automobilgeschichte wird zur Begleitmusik. Mitte der 1950er war jedes vierte Auto auf deutschen Straßen ein Käfer, ein Jahrzehnt später avancierte die kugelförmige Karosse zum Kultobjekt der Hippie-Generation und zum meistverkauften Auto der Welt. Heute ist das legendäre nostalgische Gefährt ein Hingucker, das einfach gute Laune verbreitet, Begeisterung hervorruft und jedem Passanten ein Lächeln ins Gesicht zaubert.

Mieten könnt ihr den Oben-ohne-Käfer bei »Oldtimer-Heidelberg«, wo zwei weitere Relikte aus einer vergangenen automobilen Epoche zur Auswahl stehen. Allerdings keine VW Käfer, sondern ein knallroter Fiat 500 und ein Mercedes SLC.

HD UT 10H

ZUM DENKMAL DER LIEBE WANDERN

MINNEBURG BEI NECKARGERACH

74867 Neunkirchen
Die Burg liegt hoch über der gegenüberliegenden Neckarseite von Neckargerach.

ÖPNV: Haltestelle Bahnhof Neckargerach, dann 30–40 Minuten Fußweg

Mit Heidelberg als Tor zum Odenwald erreicht ihr die schönsten Ausflugsziele im Nu. Da müsst ihr nicht groß planen. Einfach in die Wanderschuhe schlüpfen, Wasserflasche ins Rucksäckchen packen, zur nächsten S-Bahn-Station marschieren und los geht's. Zum Beispiel nach Neckargerach zur sagenumwobenen Ruine der Minneburg. Am Bahnhof überquert ihr die Neckarbrücke und folgt den Hinweisschildern zur Burg, zu der zwei Wege führen.

Ein steiler Serpentinentrampelpfad durch den Wald bringt euch in 15 Minuten hinauf. Schöner ist jedoch der weit umlaufende, doppelt so lange Weg, der entlang grüner Wiesen, Obstbäumen und auf einem gut ausgebauten, leicht ansteigenden Waldweg zur Burgruine führt. Wenn ihr an einem Wochentag schon am Morgen in Neckargerach ankommt, ist hier außer euch kaum ein Mensch unterwegs. Einsam liegt die mächtige Ruine am höchsten Punkt des Weges vor euch. Der Blick hinunter auf den Neckar und den Ort ist grandios.

Der Sage nach verdankt die Burg ihre Existenz einer unerfüllten Liebe. Minna von Horneck sollte mit einem gewissen Grafen von Schwarzenberg vermählt werden, den sie aber nicht liebte. Verliebt war sie indes in den Ritter Edelmut von Ehrenberg, der sich gerade auf einem Kreuzzug befand. So floh sie vor der geplanten Hochzeit in eine Höhle nahe der heutigen Burg. Dort hauste sie, wartete auf die Rückkehr ihres Ritters und wurde dabei immer schwächer. Als Edelmut von Ehrenberg aus dem Heiligen Land zurückkehrte, lag Minna im Sterben. Zum Gedenken an ihre Liebe (mittelhochdeutsch »Minne«) versprach er ihr den Bau einer Burg. So die Legende.

STREET WORKOUT AUSPROBIEREN

CALISTHENICS-ANLAGE BAHNSTADT

Langer Anger, 69115 Heidelberg
ÖPNV: Haltestelle Gadamerplatz

Schon mal was von Calisthenics gehört? Die Bezeichnung ist aus den griechischen Worten kalos (gut) und sthenos (Kraft) abgeleitet und bedeutet sinngemäß »schöne Kraft«. Bei dem aus den USA stammenden Fitnesstrend, auch als Street Workout bekannt, handelt es sich um ein intensives Ganzkörperworkout im Freien, bei dem mit dem eigenen Körpergewicht trainiert wird. Zu den Basisübungen zählen Push-ups (Liegestütze), Pull-ups (Klimmzüge), Dips (Beugestütze), Squats (Kniebeugen) und Beinheben.

In Heidelberg wurde die erste Calisthenics-Anlage im öffentlichen Raum im Dezember 2019 auf einer neuen 4.200 Quadratmeter großen Spiel- und Freizeitanlage im Nordwesten der Bahnstadt eröffnet. Die Anlage zwischen der Promenade und den Feldern verfügt über Klimmzugstangen, Barren, Crossfit-Geräten sowie Leitern und Sprossen: die perfekte Alternative zu einem kostspieligen Fitness-Studio.

Ihr seid Anfänger? Das ist kein Problem. Der vielfältige Trendsport ist für jede, jeden und jedes Alter, und da die Übungen in ihrem Schwierigkeitsgrad variabel sind, auch für weniger Sportliche geeignet. Schiefgehen kann nichts, denn für die verschiedenen Übungen gibt es vor Ort eine Anleitung, und auch die Verletzungsgefahr ist gering, da sich unter den Geräten ein Fallschutzbelag befindet.

Calisthenics ist übrigens kein neuer Trend. Calisthenics-Parks erfreuten sich in den USA seit den 1950er Jahren großer Beliebtheit, bis sie drei Jahrzehnte später von Fitness-Studios abgelöst wurden.

NATUR, TECHNIK UND TIERE ERLEBEN

ZOO-AKADEMIE

Tiergartenstraße 3, 69120 Heidelberg
www.zoo-akademie.org
ÖPNV: Haltestelle Zoo/Med. Klinik

Möchtet ihr mal etwas nicht ganz Alltägliches mit euren kleinen Lieblingsmenschen unternehmen? Dann besucht eine Ausstellung oder einen Workshop in der Zoo-Akademie. Diese ist Anfang 2020 aus den drei Institutionen Zoo, Zooschule und dem interaktiven naturwissenschaftlichen Zentrum »Explo« hervorgegangen und widmet sich den vier Schwerpunkten Ausstellung, Labor, Technik sowie Tiere & Natur. Da ist für jedes Alter was dabei, und alle Aktivitäten lassen sich hervorragend mit einem Zoo-Besuch verbinden. Vor allem die spannenden interaktiven Wechselausstellungen mit Mitmach-Stationen in der ehemaligen Reithalle, die sich naturkundlichen und wissenschaftlichen Themen widmen, begeistern Kinder jeden Alters.

In einem separaten Bereich der Reithalle befindet sich das Technik-Labor mit 3D-Drucker und Lego-Bausätzen – hier können kleine und große Lieblingsmenschen in Workshops jede Menge Dinge ausprobieren und ihrer Kreativität freien Lauf lassen. So zum Beispiel mit LEGO Mindstorms einen Fledermaus-Roboter entwickeln, um damit die Fähigkeiten der Fledermäuse zu ergründen, oder mit dem Robo-Hamster Vorräte für einen Stromausfall »hamstern«. Im Workshop »Ersatzteile aus dem 3D-Drucker « lernt ihr die Vorzüge und Grenzen der 3D-Drucktechnologie kennen und im Workshop »Kann Plastik grün sein? Mein erster 3D-Druck« die Eigenschaften der Kunststoffe. In weiteren Workshops könnt ihr mit Säge und Bohrer nach eigenen Vorstellungen einen hölzernen Kletteraffen bauen, mit Nägeln und

TAE
UV 1 3F2
PARAFILM "M"
For Use In Your Dispenser
VORTEX MIXER
SWITCH
neoLab
7-2020

Schnüren euer Lieblingstier gestalten oder artgerechte Nisthilfen für Wildbienen bauen, die ihr zu Hause im Garten aufhängen könnt.

Ihr habt's nicht so mit Technik, sondern eher mit der Wissenschaft? Dann experimentiert doch mal in einem authentischen Labor und führt unter fachkundiger Anleitung molekularbiologische Untersuchungen oder Umweltanalysen durch. Im Lernlabor der Forscherstation lernt ihr die Geheimnisse der DNA-Analyse kennen, isoliert aus Mundschleimhautzellen eure eigene DNA und ermittelt im Workshop »DNA-Check für den Artenschutz« den genetischen Fingerabdruck. Ihr erforscht, was Bakterien so alles können, lernt das Geheimnis des weißen Tigers und der Milch kennen, untersucht Boden-Proben und erfahrt im Workshop »Schnelltests« so einiges zur Immunabwehr bei Mensch und Tier.

Im Bereich Tiere & Natur stehen Besuche bei den Zootieren mit besonderen Beobachtungsangeboten im Vordergrund. Hier erlebt ihr unter anderem Tierkinder oder kommt den Gemeinsamkeiten verschiedener Reptilien auf die Spur. Ihr erfahrt, dass »Ekeltiere« wie Schlangen, Spinnen und Krabbeltiere gar nicht so eklig sind, ihr lernt die Technik-Tricks der Tiere kennen und im Schnupper-Workshop »Tierpfleger für einen Tag« den Alltag der Tierpfleger.

Wie wäre es, wenn ihr beim Mutter-Kind-Tag, dem Vater-Kind-Tag oder am Oma-Opa-Enkel-Tag zusammen mit den kleinen Lieblingsmenschen auf einer abwechslungsreichen Reise durch den Zoo das Familienleben der Tiere kennenlernt? Oder wollt ihr lieber mit eurem Schatz am Valentinstag einen detaillierten Einblick in das Hochzeitsleben der Zootiere erhalten? Schaut mal auf die Website!

MIT DEM LIEBLINGSMENSCHEN

Arm in Arm die Stadt erkunden

ROMANTIK BEI TAG UND NACHT ERLEBEN

PHILOSOPHENWEG

Schlangenweg, 69120 Heidelberg
ÖPNV: Haltestelle Alte Brücke Nord

Der späte Spaziergang über den Schlangenweg hinauf zum Philosophenweg ist die perfekte Verabredung für ein Date. Das fanden schon Studenten im 19. Jahrhundert, die sich mit ihrer Liebsten klammheimlich nach Sonnenuntergang auf den versteckten Weg machten.

Zwischen ehemaligen Weinbergen und efeubewachsenen Steinmauern schlängelt sich der Schlangenweg über grobes Kopfsteinpflaster und zahllose Stufen steil hinauf. Schlangen gibt es hier keine, der Name leitet sich aus seinem Verlauf mit zahlreichen Serpentinen ab. Im Mai und Juni duftet es betörend nach Flieder. Mehr Romantik geht nicht! Schon gar nicht, wenn man sich umdreht, um auf dem Weg nach oben einen Blick auf die beleuchtete Stadt zu werfen, deren Lichterglanz sich im Neckar spiegelt. Die berühmteste Schlossruine der Welt leuchtet orange hoch über der Altstadt, Straßenlaternen tauchen die Alte Brücke in gelbes Licht. Am liebsten möchte man ewig hier stehen, Arm in Arm, und auf die Stadt hinunterschauen. Goethe, der hier einst wandelte, war verzaubert, und der amerikanische Schriftsteller Mark Twain fand, der Dreiklang von Altstadt, Fluss und Bergen sei der Gipfel der Schönheit. 500 mühsame Höhenmeter windet sich der Weg hinauf. Auf halber Strecke befindet sich bei einer Serpentine eine Kanzel mit einer Bank und einem Mäuerchen, auf dem man sitzen und die Beine baumeln lassen kann. Davor entfaltet sich ein »Heidelberg by Night«-Postkartenblick ohnegleichen. Es ist einfach romantisch, hier am späten Abend zu zweit zu sitzen und sich mit einem Blick auf die beleuchtete Stadt langsam anzunähern.

Wer öfter durch den Sucher einer Kamera schaut, entwickelt ein Auge für Feinheiten und Details, die er vorher nicht wahrgenommen hat. Fotografieren schärft nicht nur den Blick für Dinge, an denen andere blind vorbeigehen, es bedeutet immer auch, sehen zu lernen. Das »richtige« Sehen vermittelt euch das Team der Fotosafari Heidelberg, das verschiedene Fotokurse und Streifzüge durch die Stadt anbietet. Dafür benötigt ihr eine Kamera, bei der man die Einstellungen ISO, Verschlusszeit und Blende manuell einstellen kann, wie zum Beispiel bei einer Spiegelreflex- oder Systemkamera. Handykameras sind nicht geeignet.

Auf einer Fotosafari durch Heidelberg lernt ihr die Stadt durch die Kameralinse auf eine völlig neue Weise kennen. Treffpunkt ist, wenn nicht anders vereinbart, der kleine Park am Bismarckplatz. Nach einer kurzen Vorstellungsrunde geht's auch schon los. In der Regel über die Theodor-Heuss-Brücke und am Fluss entlang Richtung Alte Brücke. Die gegenüberliegende Altstadt bietet herrliche Fotomotive, und von der Mitte der Alten Brücke aus habt ihr das Schloss direkt vor der Linse. Der Dozent oder die Dozentin gibt euch in Bezug auf Blende und Verschlusszeit Tipps, sodass ein perfektes Foto gelingt, und bespricht die Bilder mit euch vor Ort.

Wenn ihr die »blaue Stunde« dazu gebucht habt, die Zeitspanne zwischen Sonnenuntergang und Nacht, lernt ihr das Fotografieren in unterschiedlichen Lichtstimmungen kennen und beendet die Tour mit einem Einstieg ins Lightpainting.

Ihr seid Anfänger? Das Team von Fotosafari bietet auch Einsteigerkurse an, in denen ihr die Grundlagen der Fotografie lernt.

SICH UNTER DEM TORBOGEN KÜSSEN

ELISABETHENTOR

Schlosshof 1, 69117 Heidelberg
www.schloss-heidelberg.de
ÖPNV: Haltestelle Rathaus/Bergbahn

»Ein Kuss unter dem Elisabethentor bringt Verliebten Glück«, sagte Großtante Josephine immer und riet allen Vernarrten in der Familie, das Objekt der Begierde unter dem Tor zu küssen. Tatsächlich gilt das prächtige Kleinod am Eingang zum Stückgarten des Schlosses als Symbol einer großen Liebe. Wer aufs Schloss geht, kommt nicht daran vorbei, nimmt es aber kaum wahr. Oder könnt ihr das Tor auf Anhieb beschreiben? Eben!

Der Legende nach wurde das triumphbogenartige Bauwerk in nur einer Nacht im August 1615 errichtet. Kurfürst Friedrich V. wollte mit dem Tor seine Gemahlin Elizabeth Stuart zum 19. Geburtstag überraschen.

Elizabeth war die Tochter des englischen Königs James, Enkelin der legendären Maria Stuart und als Teenager eine der begehrtesten Bräute Europas. Der junge Kurfürst aus Heidelberg verfügte zwar nicht über die politische Macht einer großen Monarchie, aber im Gegensatz zu den anderen Brautwerbern war er Protestant. Das war dem König, Oberhaupt der Anglikanischen Kirche, wichtig. Friedrich, der für die protestantische Sache eintrat, wollte mit der Heirat ein Signal setzen gegen die katholischen Kaiser aus dem Haus Habsburg und deren Vormachtstellung in Europa.

Der Heiratsvertrag wurde im Mai 1612 aufgesetzt, die Eheschließung fand 1613 in London statt. Braut und Bräutigam waren beide erst 17 Jahre alt. In der Zeit bis zur Hochzeit hatte Friedrich auf dem Schloss den Englischen Bau als Palast für seine Zukünftige errichten lassen. Der

CONIVGI CARISS.
A.C. MDCXV F.C.

war auch nötig, denn als die Frischvermählten in Heidelberg eintrafen, hatte Elizabeth ein Gefolge von 400 Personen im Schlepptau. Die Ehe war zwar aus politischem Kalkül geschlossen worden, dennoch waren die beiden sehr ineinander verliebt und bekamen in 18 gemeinsamen Jahren 13 Kinder. Das Unglück nahm seinen Lauf, als Friedrich nach einer Königskrone gierte.

Um eine lange Geschichte kurz zu machen: 1619 starb Kaiser Matthias, der seit 1611 auch König von Böhmen war. Das hatte zum Aufstand der protestantischen böhmischen Stände geführt und 1618 zum Prager Fenstersturz, der den Dreißigjährigen Krieg auslöste. Den habt ihr sicher noch aus dem Geschichtsunterricht in Erinnerung, gell?

Mit dem Tod des Habsburgers sah Friedrich seine Stunde gekommen. Er ließ sich in Prag im November 1619 zum König krönen und machte dann so ziemlich alles falsch, was man falsch machen konnte. Das hatte zur Folge, dass er nicht einmal ein Jahr lang regierte. Seine kurze Amtszeit brachte ihm den spöttischen Beinamen »Winterkönig« ein. Er floh mit Frau und Kindern nach Breslau und später ins niederländische Exil. Nach Heidelberg konnte er nicht zurück – da wütete General Tilly mit seiner Katholischen Liga. Trotzdem gab er die Hoffnung auf eine Rückkehr nicht auf. Diese war ihm nicht beschieden. Friedrich starb im November 1632 im Alter von 36 Jahren an der Pest.

Das Elisabethentor überstand den Dreißigjährigen Krieg unbeschadet. Auch die Zerstörung des Schlosses im Pfälzischen Erbfolgekrieg konnte dem Tor nichts anhaben. »Es ist eben ein Symbol der Liebe, und Liebe überdauert alles«, meinte Großtante Josephine, die den ersten Kuss von ihrem Carl-Friedrich unter dem Elisabethentor bekam.

DIE GOETHE-MARIANNE-BANK

Als der Dichterfürst im Jahr 1815 in Heidelberg weilte, traf er sich regelmäßig mit Marianne von Willemer zu Spaziergängen im Schlosspark, den er zu seinem Lieblingsort in Heidelberg erkor. Im hinteren Schlosspark wurde zur Erinnerung daran 1922 eine steinerne Bank errichtet. Schaut sie euch an!

Habt ihr euch schon mal das Schloss von Innen angesehen? Nehmt an einer Führung teil und schaut euch die prächtigen Räume an. Hier verbrachte Liselotte von der Pfalz ihre Kindheit, die Heidelberg mit 18 Jahren Richtung Frankreich verließ, um Philipp I. von Orléans, den Bruder des Sonnenkönigs Ludwig XIV. zu heiraten. Nicht aus Liebe, sondern aus politischen Kalkül. Am Hof von Versailles, fern ihres geliebten Heidelbergs, war sie recht unglücklich. So fing sie an, Briefe zu schreiben. Rund 60.000 soll sie während ihrer 50 Jahre am französischen Hof verfasst haben. 5000 dieser teils sehr amüsanten Briefe sind erhalten, einige wurden in Büchern zusammengefasst. Leseratten? Schaut mal rein!

EINEN KURZTRIP DURCHS UNIVERSUM MACHEN

HAUS DER ASTRONOMIE

MPIA Campus, Königstuhl 17, 69117 Heidelberg
www.haus-der-astronomie.de/fuehrungen
ÖPNV: Haltestelle MPIA (»Science Bus« Linie 30 ab Universitätsplatz)

Zum Universum ist es nur ein Katzensprung hinauf auf den Königstuhl. Dort dreht sich in dem in Form einer Spiralgalaxie erbauten Haus der Astronomie alles um Planeten, Sterne und Galaxien. Auf Führungen erfahrt ihr, was ihr schon immer über das Universum wissen wolltet. Die Tour beginnt mit einer Besichtigung der Landessternwarte, die sich in direkter Nachbarschaft befindet.

Die Landessternwarte Heidelberg-Königstuhl wurde 1898 als »Großherzogliche Bergsternwarte« eingeweiht und über 100 Jahre später, 2005, zusammen mit dem Institut für Theoretische Astrophysik und dem Astronomischen Rechen-Institut ins neu gegründete Zentrum für Astronomie Heidelberg (ZAH) integriert und ist heute die größte universitäre Forschungseinrichtung für Astronomie in Deutschland. Die Sternwarte verfügt über sechs Beobachtungskuppeln. Dort dürft ihr die historischen Teleskope bestaunen und bei schönem Wetter auch die Sonne beobachten. Am Planetenweg könnt ihr die Größe des Sonnensystems erlaufen und eine Sternschnuppe in Händen halten. Vorsicht, Wünsche werden wahr! Am Ende der Führung gibt es im Haus der Astronomie einen Kurztrip durchs Universum.

Bei Beobachtungsabenden an der Landessternwarte habt ihr bei gutem Wetter die Möglichkeit, durch das historische Bruce-Teleskop Nebel, Planeten und Sterne zu beobachten. Spielt das Wetter nicht mit, besichtigt ihr die Sternwarte und schaut im Haus der Astronomie im Planetarium in den Sternenhimmel.

Haus der Astronomie

HEIDELBERG MAL OBEN OHNE ENTDECKEN

CABRIO SIGHTSEEING

Karlsplatz, 69117 Heidelberg
cabrio-sightseeing.de
ÖPNV: Haltestelle Rathaus/Bergbahn

Wie wäre es, wenn ihr eure Stadt mal als Touristen aus einer ganz neuen Perspektive erlebt und bei einer Stadtrundfahrt im Cabriobus Neues entdeckt? Die Tour startet am Karlsplatz und führt über die engen Gassen der Altstadt in die Weststadt, die ihr wahrscheinlich gar nicht so gut kennt, wenn ihr nicht dort wohnt oder arbeitet. Hier könnt ihr zahlreiche Gründerzeit- und Jugendstilhäuser bestaunen und erfahrt über Audio Guide einiges zu den prachtvollen Gebäuden. In der ersten Hälfte des 19. Jahrhunderts war das Gebiet der heutigen Weststadt noch vorwiegend Ackerland. Die Besiedlung begann mehr oder weniger mit der Eröffnung des Hotels Schrieder 1838 (heute Crowne Plaza) und des längst nicht mehr existierenden Bahnhofs an der Ecke Rohrbacher Straße/Kurfürstenanlage im Jahr 1840, mit dem die erste Eisenbahnstrecke Badens ihren Dienst aufnahm. Die ältesten Wohnbauten der Weststadt stammen aus den 1860er und 1870er Jahren.

Der kleine Cabriobus bietet freie Sicht ringsum, dank des gläsernen Schiebedachs auch bei Regen. Am Hauptbahnhof vorbei geht es anschließend über den Neckar nach Neuenheim, wo herrschaftliche Jugendstilbauten und einige der prächtigsten Villen der Stadt stehen. Im 8. Jahrhundert ein Bauern-, Fischer- und Winzerdorf, wurde der Ort 1891 durch Eingemeindung zu einem Stadtteil Heidelbergs. Herzstück Neuenheims ist der Marktplatz, um den sich ringsum noch alte Dorfstrukturen finden.

Der Kleinbus war bei Inbetriebnahme im März 2015 Deutschlands erster Cabriobus. Er fährt von April bis Oktober an sieben Tagen der Woche halbstündlich von 10 bis 17 Uhr, im Winter nicht ganz so oft.

MIT DER FACKEL DURCH DIE ALTSTADT STREIFEN

NACHTWÄCHTERFÜHRUNGEN HEIDELBERG

mobil.heidelberger-nachtwaechter.de
Treffpunkt: Marktplatz

Lernt Heidelberg doch mal zu Zeiten des Mittelalters kennen, und begebt euch zusammen mit Nachtwächter und Fackel auf eine Zeitreise! Es geht in jene Tage, als es weder Gas noch Strom gab. Sobald die Sonne hinter dem Horizont verschwunden war, schlug die Stunde des Nachtwächters, der mit einer Laterne durch die Gassen der Stadt zog und für Ruhe, Sicherheit und Ordnung sorgte. Er überprüfte, ob alle Tore verschlossen waren, mahnte heimkehrende Zechbrüder zur Ruhe, meldete entstehende Brände und hielt durch die Nacht schleichende Diebe auf. Drohten bewaffnete Reitereinfälle, war er mit einer Hellebarde bewaffnet, einer Hiebwaffe, die aus einem langen Stiel mit axtförmiger Klinge und scharfer Spitze bestand. War diesbezüglich nichts zu erwarten, reichten Knüppel und Hund. Zu den Aufgaben des Nachtwächters gehörte es auch, beim Glockenschlag die Zeit zu singen: »Hört ihr Leut', und lasst euch sagen, unsere Glock' hat acht geschlagen ...«

Der Streifzug beginnt am Marktplatz, wo der Nachtwächter etwas zu seinem Beruf erzählt, bevor ihr mit der Fackel in der Hand zum Kornmarkt marschiert. Könnt ihr euch vorstellen, dass der Platz im Mittelalter mal dicht bebaut war? Auf dem Boden seht ihr die mit weißen Steinen angedeuteten Umrisse einer Kapelle, die zum Bürgerspital gehörte, das hier einst stand. Nach Abbruch des Spitals 1557/58 entstand der heutige Platz als Milch- und Krautmarkt, im 18. Jahrhundert diente er als Kornmarkt. Auf dem Karlsplatz, ein paar Schritte weiter, befand sich seit 1320 ein Franziskanerkloster, das infolge der

Säkularisation 1803 abgerissen und durch eine Promenade ersetzt wurde. In der Platzmitte thront heute ein Brunnen, der nach dem Humanisten und Kosmographen Sebastian Münster benannt ist, der Anfang des 16. Jahrhunderts an der Schule der Franziskaner seine Ausbildung erhielt. Die Älteren unter euch kennen ihn vielleicht noch vom 100-D-Mark-Schein, den sein Konterfei zierte.

In einem dunklen Hinterhof macht ihr Bekanntschaft mit der Heidelberger Henkersdynastie Wittmann und hört vom Nachtwächter so einiges zu dem Beruf der Scharfrichter, die damals auch als Heiler tätig waren. Die letzte öffentliche Hinrichtung in Heidelberg fand 1844 statt. Die Verurteilte war eine Frau, die ihren Gatten vergiftet hatte.

Während des unterhaltsamen Streifzugs erfahrt ihr, wie manche Sprichwörter entstanden sind. So zum Beispiel »die Sau rauslassen«: Betrunkene Studenten trieben in den Universitätsstädten in der Nacht allerhand Unfug und öffneten auf dem Nachhauseweg von einer Zechtour gern die Schweineställe, an denen sie vorbeikamen, und ließen das Borstenvieh raus. So auch in Heidelberg in der Plöck. Die Nachtwächter waren gegen die Studenten machtlos, denn diese unterstanden der akademischen Gerichtsbarkeit. Wisst ihr, woher der Ausdruck »stinkreich« stammt? Das erfahrt ihr zwischen Mittel- und Oberbadgasse. Dort befanden sich früher die öffentlichen Badestuben der Stadt. Wer Geld hatte, verzichtete auf ein Bad und überdeckte Körpergerüche vorzugsweise mit Puder und Parfüm. Diese Mischung stank natürlich fürchterlich. Wer so stank, konnte also nur reich sein. Bis die Nachtwächterführung auf der Alten Brücke endet, erfahrt ihr noch so einiges Unterhaltsames und Historisches.

FEUERWERKSFAHRT

Die Heidelberger Schlossbeleuchtung mit Feuerwerk im Juni, Juli und September gehört zu den Höhepunkten des Heidelberger Sommers. Den besten Blick auf das Feuerwerksspektakel habt ihr auf einem Schiff der Weissen Flotte. Bucht rechtzeitig, denn die Tickets sind schon Monate im Voraus weg.

➻ weisseflottehd.de

Nicht Feuerwerk, sondern Spannung? Wie wäre es mit der Mottofahrt »Mord an Bord«? Bei einem 3-Gänge-Menü habt ihr die Aufgabe, einem heimtückischen Mörder auf die Schliche zu kommen. Lieber weniger Spannung und stattdessen das Tanzbein schwingen? Das könnt ihr auf dem Heidelberger Salsaboot. Weitere Mottofahrten findet ihr auf weisseflottehd.de unter dem Punkt »Fahrten«.

IN SAGENUMWOBENE TIEFEN SCHAUEN

HEIDENLOCH

Heiligenberg, 69117 Heidelberg
ÖPNV: Haltestelle Alte Brücke Nord, dann über Schlangenweg und
Philosophenweg zum Heiligenberg (ca. 2,5 km)

In der Nähe der Ruine des Stephansklosters auf dem Heiligenberg findet ihr einen Ort, um den sich jede Menge Legenden und Mythen ranken: das Heidenloch. Es handelt sich dabei um einen 56 Meter tiefen Schacht, der seit Jahrhunderten Rätsel aufgibt. Wer ihn wann und warum errichtet hat, ist bis heute nicht ganz geklärt. Waren es die Kelten? Oder erst viel später die Mönche des Stephansklosters? Im 16./17. Jahrhundert sollen allerlei mysteriöse Wesen und sogar der Teufel selbst in dem Schacht gehaust haben. Der französische Schriftsteller Victor Hugo, der um 1840 einen nächtlichen Spaziergang auf dem Heiligenberg machte, will am Heidenloch sogar geisterhafte Stimmen vernommen haben.

Archäologisch erforscht wurde der Schacht erstmals 1936. Bei den Grabungen fand man Gebrauchsgegenstände aus dem Kloster sowie einen um 1100 errichteten Brunnenmantel, der heute im Kurpfälzischen Museum ausgestellt ist. Das Heidenloch wurde 1987 erneut freigelegt, und, weil es nun zahlreiche Schaulustige zu dem sagenumwobenen Loch zog, wurde es mit einem Metallgitter bedeckt, einer Betonbrüstung umgeben und eine steinerne Schutzhütte darüber errichtet.

2020 ließen Forscher einen Kameraschlitten mit sechs Kameras in den Schacht hinunter, um dem Rätsel endgültig auf die Spur zu kommen. Kamen sie aber nicht 100-prozentig, und das Heidenloch bleibt weiterhin ein Geheimnis. Schaut mal hinunter in den beleuchteten Schacht, und lasst eurer Phantasie freien Lauf. Wer von euch erfindet die schönste Schauergeschichte und macht dem phantastisch-mythologischen Roman »Das Heidenloch« von Martin Schemm Konkurrenz?

DÜSTERE WEHRGÄNGE ERKUNDEN

KASEMATTEN

Schloss Heidelberg, 69117 Heidelberg
ÖPNV: Bergbahn Haltestelle Schloss

Auf dem Schloss wart ihr mit und ohne Lieblingsmenschen sicher schon gefühlte tausend Mal. Und in den teilweise original ausgestatteten Innenräumen vielleicht auch schon mal, oder? Um einiges spannender ist eine Führung durch die Kasematten, die oberirdisch angelegten Gewölbegänge, die einst vor feindlichem Artilleriebeschuss schützen sollten. Von außen erkennt ihr sie an den kleinen Schießscharten im Gemäuer. In den verborgenen Gängen ist es düster, und ihr müsst euch anfangs auf dem unebenen Boden langsam vorantasten, bis eure Augen sich an die Dunkelheit gewöhnt haben. Fast schaurig ist es hier. Und kalt.

Die Kasematten entstanden unter Kurfürst Ludwig V., der von 1508 bis 1544 regierte. Nach dem Pfälzischen Bauernkrieg ließ er das Schloss zu einer Festung mit massiven Türmen, dicken Wehrmauern und den besagten Kasematten ausbauen, in denen sich Truppen unbemerkt von einer Befestigungsanlage zur anderen bewegen konnten. Der baufreudige Regent machte das Heidelberger Schloss über Jahre hinweg zu einer Großbaustelle. Ihm ist die Nordkasematte zu verdanken, die zwischen dem Dicken Turm im Westen und dem Frauenzimmerbau im Osten verläuft und den Hirschgraben sowie den Stückgarten zur Stadt hin abriegelt. Keinem Feind sollte es möglich sein, das Schloss zu erstürmen – zu Ludwigs Zeiten versuchte es keiner. Nicht umsonst trug er den Beinamen »der Friedfertige«.

Die Kasematte auf der Ostseite zwischen dem Apothekenmuseum und dem Krautturm, die den Aufgang zum Schloss aus dem Friesental

sichern sollte, entstand in der zweiten Hälfte des 16. Jahrhunderts unter Friedrich II.

Die Nordkasematte diente 1612 als Sockel für den Englischen Bau, von dem heute nur noch eine Fassade mit unzähligen Fenstern übrig ist. Da dieser Palast höher als die Kasematten war, blieben die Wehrgänge bei späteren Angriffen unbeschädigt. Erstmals zum Einsatz kamen sie, als im Dreißigjährigen Krieg (1618–1648) Kugeln gegen das Schloss flogen. Das Festungsgewölbe hielt dem feindlichen Beschuss zwar stand, konnte aber nicht verhindern, dass feindliche Truppen im September 1622 die Residenz des Kurfürsten, der sich im Exil in den Niederlanden befand, einnahmen. Das Jahrhundert war noch nicht vorbei, als das Schloss im Pfälzischen Erbfolgekrieg (1688–1697) von den Franzosen angegriffen wurde. Den Krieg hatte Sonnenkönig Ludwig XIV. angezettelt, da er der Meinung war, er könnte nach dem Tod von Kurfürst Karl von der Pfalz, dem Bruder seiner Schwägerin Liselotte, Anspruch auf die Kurpfalz erheben. Bei Kriegsende war das Schloss zu dem geworden, was es heute ist: die schönste Ruine Deutschlands.

Hätte Friedrich V. nicht nach der böhmischen Krone gegiert (siehe »Sich unter dem Torbogen küssen«) und Kurfürst Karl I. Ludwig seine Tochter Liselotte nicht aus politischem Kalkül mit dem Bruder des Sonnenkönigs verheiratet, wer weiß, in welcher Pracht das Schloss heute über der Altstadt thronen würde.

Die Kasematten sind jedoch heil geblieben, und deren verborgene Gänge und Nischen könnt ihr im Rahmen von Führungen bestaunen. Allerdings nur in den Sommermonaten, denn während der kalten Jahreszeit sind die mächtigen Gewölbe das Winterquartier von Fledermäusen.

HEIDELBERGER RITTERSPRUNG

Auf dem Großen Altan des Heidelberger Schlosses seht ihr eine schuhähnliche Vertiefung, die seit Jahrzehnten Besucher und Besucherinnen aus aller Welt fasziniert. Diesen Abdruck soll der Legende nach ein Ritter auf der Flucht hinterlassen haben. Der kühne Edelmann befand sich zum Tête-à-Tête mit einer Hofdame in den Gemächern des Friedrichsbaus. Als die beiden in flagranti erwischt wurden, sprang der Ritter in voller Montur aus dem Fenster. Dabei hinterließ der Eisenschuh seiner Rüstung den tiefen Abdruck im Sandstein. Tretet mal rein in seinen Fußstapfen. Passt der Abdruck, erwartet euch der Sage nach ein glückliches Leben.

DURCH DICHTE VEGETATION WANDERN

BIOTOP GEWANN HÜHNERSTEIN

Gewann Hühnerstein, 69121 Heidelberg
ÖPNV: Haltestelle Hans-Thoma-Platz

Gut, wandern ist etwas übertrieben, denn in die Wanderschuhe müsst ihr für die Mini-Exkursion nicht schlüpfen. Ein Erlebnis ist sie dennoch. Was heute an einen Auenwald erinnert, auch wenn kein Wasser in Sicht ist, begann vor zwei Jahrzehnten als Großversuch namens »Populationsbiologie«. Dazu hatte die Universität Heidelberg im Februar 2001 zwei Hügel aus unzähligen Lkw-Ladungen Erde aufschütten lassen – Erdaushub, der bei Bauarbeiten des neuen Klinikums angefallen war. Zentrale Frage der Forschungsgruppe war: Welche Pflanzen und Lebewesen würden sich zuerst auf dem neu geschaffenen Areal ansiedeln? Damit alles in Ruhe wachsen und gedeihen konnte, wurde um das ein Hektar große Versuchsgelände ein Zaun gezogen, der aber längst verschwunden ist. Aus den kahlen Hügeln ist ein dichter Laubmischwald geworden, in dem Buchen, Eichen, Robinien, Traubenkirschen, Weiden sowie Kreuzungen aus Silber- und Zitterpappeln zu Hause sind. Auf halber Höhe wachsen Haselnuss, Hartriegel und Weißdorn. Enge Pfade winden sich durch die üppige Vegetation. Soll man nach links, nach rechts oder geradeaus gehen? Egal, man kommt immer wieder zum Ausgangspunkt zurück. In den Bäumen zwitschern Vögel, Insekten summen, Schmetterlinge flattern umher. Es ist, als befände man sich in südlichen Gefilden.

So findet ihr den Hügel: Radelt oder fahrt mit der Straßenbahn zum Hans-Thoma-Platz, geht von dort nach Westen in den Angelweg und geradeaus in die Felder, bis ihr an einer Kreuzung links das Schild »Gewann Hühnerstein« und rechts »Gewann Schläuchen« seht. Wenn ihr geradeaus weitergeht, stoßt ihr direkt auf den Hügel.

HEIDELBERGS HÖCHSTE SIEDLUNG ENTDECKEN

KOHLHOF

Kohlhof, 69117 Heidelberg

ÖPNV: Haltestelle Kohlhof-Fachklinikt

Ihr wart noch nie auf dem Kohlhof? Dann aber schleunigst hin. Am besten mit dem Bus Nummer 39, der stündlich ab dem Bismarckplatz hinauffährt. Das kleine Gebiet an der Südflanke des Königstuhls, das wie eine Insel mitten im Wald liegt, wurde 1706 für die landschaftliche Nutzung geschaffen. Als die Bauern Mitte des 19. Jahrhunderts dem abgelegenen Ort den Rücken kehrten, erkoren ihn die Heidelberger zum Ausflugsziel. 1890 wurde der Kohlhof Standort eines Kurhotels, aus dem später eine Rehaklinik hervorging, in der Zeit um den Ersten Weltkrieg Hotspot für Künstler, dann beliebtes Wintersportgebiet und danach wurde es hier oben ziemlich leer.

Wahrzeichen des Kohlhofs ist die Villa Braunbehrens – schaut sie euch an. Anna Maria von Braunbehrens, die sich während eines Kuraufenthalts in dieses abgeschiedene Fleckchen Erde verliebte, ließ die Villa 1912/14 im Jugendstil errichten. Als sie 1940 auszog, vermietete sie sie an die IG Farben. Nach dem Krieg lebte der Komponist Wolfgang Fortner fünf Jahre lang in der Villa – hier entstand seine bekannte »Symphonie 1947«.

In der Nachkriegszeit entdeckten Wintersportler den Kohlhof für sich. Die Villa wurde zum beliebten Ausflugslokal, das einen grandiosen Panorama-Blick über die Skipiste bot. Um 1970 ging das Gebäude in den Besitz der Stadt, die es von 1985 bis 2016 an den Bildhauer Klaus-Horstmann-Czech verpachtete. Im Mai 2020 wurde entschieden, dass die Villa nach Sanierungsmaßnahmen eine international ausgerichtete Kunst- und Wissenschaftsresidenz beherbergen soll. Samt öffentlichem Café und Biergarten.

GEFÄNGNISLUFT SCHNUPPERN

FAULER PELZ

Oberer Fauler Pelz 1, 69117 Heidelberg
schlosstouren.com/fauler-pelz.html
ÖPNV: Haltestelle Oberer Fauler Pelz

Sobald sich das große Eisentor zur Straße hinter euch schließt, ist Schluss mit lustig. Hohe, dicke Sandsteinmauern mit Stacheldraht obenauf trennen euch vom Rest der Welt. Der nette Gästeführer verwandelt sich in einen unfreundlich blickenden Justizvollzugsbeamten, der euch zu einem gegenüberliegenden grauen Stahltor und hinein in den Gefängnistrakt führt. Hier im Eingangsbereich wurden den Neuankömmlingen ihre Wertsachen abgenommen, und sie bekamen Anstaltskleidung ausgehändigt, bevor sie in ihre Zellen in den darüberliegenden Stockwerken kamen. Dorthin seid ihr jetzt unterwegs. Der dicke Schlüsselbund des Wärters klirrt, als er die Gittertür aufschließt, die zum Zellentrakt führt. Dort ist es finster und kalt. Ehe ihr euch verseht, seid ihr ohne euren Lieblingsmenschen in einer Zelle. Die Tür wird hinter euch zugeschlagen, und ihr hört die Schritte des »Wärters«, die sich entfernen, und hört, wie die Gittertür zum Trakt ins Schloss fällt. Ihr seid nun in U-Haft. Die Zelle ist winzig, höchstens acht Quadratmeter. Die Wände sind kahl. In einer Ecke steht eine Toilettenschüssel, durch ein kleines vergittertes Fenster dringt Licht. Die wenigen schmalen Möbelstücke (Bett, Schrank, Tisch und Stuhl), die hier mal standen, sind weg. Beklemmung macht sich breit und löst sich erst wieder, als auf dem Gang Schritte ertönen und gleich darauf der Schlüssel im Schloss klirrt.

Auf dem weiteren Rundgang bekommt ihr durch Erzählungen des »Wärters« hautnah Einblicke in den klar geregelten Haftalltag. Ihr

werft einen Blick in die Duschen, ins ehemalige Krankenzimmer, in die Küche, in den Frauentrakt im gegenüberliegenden Gebäude und die Innenhöfe, die für den Hofgang bestimmt waren – ein größerer für die Männer, ein kleinerer mit Kräutergarten für die Frauen. Der Faule Pelz bot Platz für 87 Untersuchungshäftlinge, die hier im Schnitt sechs bis zwölf Monate auf ihren Prozess warteten. Auch Geschichte kommt beim Rundgang nicht zu kurz.

Das viergeschossige rote Sandsteingebäude in Hanglage im Süden der Altstadt wurde 1847/48 als Bezirksgefängnis errichtet und hatte dank seiner Adresse »Oberer Fauler Pelz« im Volksmund schnell seinen Spitznamen weg. Gegenüber, in der Seminarstraße 3, entstand zur gleichen Zeit das monumentale Gebäude des Bezirksstrafgerichts, das 1899 zum Landgericht umgebaut wurde und seit 1969/70 das Romanische Seminar der Universität beherbergt.

Zu den ersten Inhaftierten im Faulen Pelz gehörten nach der Niederschlagung der Badischen Revolution 1849 radikaldemokratische Studenten und Revolutionäre, denen es nicht gelungen war, rechtzeitig aus Baden zu fliehen. Da das Gefängnis im Laufe der Zeit zu klein wurde, wurde 1911 das parallel angeordnete Zwillingsgebäude errichtet. Bis zu seiner Schließung 2015 war der Gebäudekomplex Außenstelle der JVA Mannheim und kann seit 2017 im Rahmen von Führungen besichtigt werden. Wusstet ihr, dass der SWR Ende Januar 2021 im Faulen Pelz eine Szene für den Freiburger Tatort gedreht hat?

Wenn ihr am Ende der Tour auf die Straße hinaustretet und das blaue Tor hinter euch ins Schloss fällt, macht sich Erleichterung breit, richtig?

STUDENTENKARZER

Geht es euch wie den meisten Heidelbergerinnen und Heidelbergern, ihr lebt schon ewig in der Stadt und wart noch nie im Studentenkarzer?

Dann aber nix wie hin! In dem kleinen Gefängnis in der Augustinergasse hinter der Alten Universität wurden zwischen 1778 und 1914 Studenten für »Kavaliersdelikte« wie Trunkenheit, heftige Mensuren, nächtliche Ruhestörung und Streiche jeglicher Art maximal vier Wochen eingebuchtet, durften den Arrest aber für Vorlesungen unterbrechen. Ihre Zeit im Karzer nutzten sie dazu, die kahlen Wände mit witzigen Sprüchen und ihren Konterfeis zu verzieren.

EINEN SHOPPING-BUMMEL MACHEN

NEUENHEIM

ÖPNV: Haltestelle Brückenstraße

Geht es euch auch so? Zum Shoppen verabredet ihr euch mit der besten Freundin entweder in der Altstadt oder fahrt gleich nach Mannheim, wo die attraktivere Einkaufsmeile lockt. Irgendwie hat man die nördliche Neckarseite nicht im Sinn, wenn einem derselbe nach Shopping steht – sofern man dort nicht wohnt. Zu Unrecht, denn es gibt in Neuenheim viele hübsche Läden. Wenn ihr auf der Suche nach einem neuen Outfit seid, werdet ihr hier garantiert fündig. In der Boutique Incognito in der Brückenstraße 24 habt ihr die Qual der Wahl: Anzüge, Basics, Blazer, Blusen, Hosen, Kleider, Pullis, Röcke und mehr. Bei AURA in Nummer 20 warten Labels wie Princess Goes Hollywood, Frogbox, Closed, Più&Più und andere. Soll die Mode fair & organic sein? Dann seid ihr bei Coccon in der Brückenstraße 10 richtig. Bei Shoes & Fashion Vera Ensinger in Nummer 36 findet ihr verschiedene Labels und, weil nur die richtige Fußbekleidung den Look perfekt macht, dazu auch gleich das passende Paar Schuhe – vom Sneaker über farbige Ballerinas, bequeme Loafer bis hin zu stylishen Pumps.

Zwischendurch Lust auf ein leckeres Eis? Dann schaut mal bei Amami in Nummer 22 vorbei. Spezialität des Hauses ist das Pistazieneis mit Pistazien von den Hängen des Ätna.

Auf der gegenüberliegenden Straßenseite entführt euch die Brückenparfümerie in die Welt unzähliger Düfte. Hier findet ihr nicht nur Parfums, die ihr anderswo vergeblich sucht, sondern auch Kosmetik, Bademäntel, Kimonos und sogar Handtaschen.

In einer großen Auswahl Bücher könnt ihr in der Bücher-Truhe stöbern, dem ersten modernen Antiquariat Heidelbergs, das auch für

incognito
NEW
COLLECTION
SPRING SUMMER 21
incognito
24

eine unschlagbare Auswahl an Kunstpostkarten bekannt ist. Hübsche Wohnaccessoires und Geschenke gibt es im kleinen, aber feinen Stilhouse ein paar Hausnummern weiter.

Diamonds are a girl's best friends – eure auch? Schaut mal bei Davide Quartero in der Ladenburger Straße am Marktplatz rein. Dort findet ihr atemberaubend schöne Schmuckstücke in vielfältigen Stilformen, Farben und Materialien – von klassisch-antik bis avantgardistisch. Italienische Goldschmiedekunst eben. Rund um den Marktplatz herrscht mediterranes Flair – dazu tragen nicht nur die vielen kleinen Cafés und Restaurants bei, sondern auch der Turm und Chor der Alten Johanneskirche. Die Überreste der mittelalterlichen Dorfkirche in Bruchsteinbau könnten auch irgendwo in Italien stehen. Lasst euch auf einen Espresso oder ein Häppchen zu essen auf dem Marktplatz nieder.

Noch mehr Gelegenheit zu schlemmen habt ihr in der Brückenstraße. Die Rosticceria Salerno (Nr. 38) punktet mit leckerer Pasta und Pizza, im Café & Crêpe Atelier (Nr. 11) gibt es Spitztütencrêpes von süß bis herzhaft pikant, auch in der glutenfreien und veganen Variante, und im Laden daneben, in der Salatbar Fein Food, stehen Salate, Smoothies, hausgemachte Wraps und ein paar warme Speisen zur Auswahl.

Bevor ihr Neuenheim verlasst, macht unbedingt einen Abstecher zu Blumen Gudrun Huber (Nr. 39). Gönnt euch in Heidelbergs ältestem und schönstem Blumenfachgeschäft einen Strauß Blumen oder eine Topfpflanze für den Balkon.

MADE IN HEIDELBERG
MIT LIEBE HANDGEMACHT

Bei diesen Heidelberger Manufakturen könnt ihr Leckeres, Schönes und Praktisches shoppen:

Eau de Wald – Heidelberger Gin mit regionalen Zutaten aus dem Odenwald. Ein Getränk, das nach Heimat riecht und schmeckt. ➸ heimatheidelberg.com

Heidelberger Studentenkuss – das süße Wahrzeichen der Stadt ➸ www.studentenkuss.com

Bonbons und Lollis ➸ www.heidelbonbon.de

Wein vom, Zitat Goethe, »wohl schönsten Weinberg Deutschlands« ➸ www.weingut-clauer.de

Kreative Geschenkideen & Boutique für nachhaltige Mode ➸ i-am-for-you.com

Arya Laya – Naturkosmetik aus Heidelberg
➸ www.arya-laya.de

Körperpflege wie auf Wolke 7 ➸ www.wolkenseifen.de

Diamonds are a girl's best friends – und am besten in Einzelanfertigung ➸ lorenz-der-goldschmied-1.jimdosite.com

Aus Alt mach Neu – Ausgefallenes fürs Zuhause
➸ upcycling-manufaktur.de

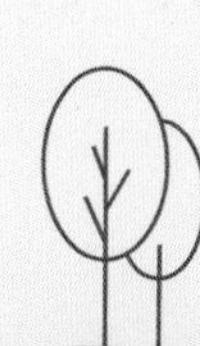

EINEN BLICK AUFS HINTERLAND WERFEN

AUSSICHTSTURM POSSELTSLUST

Drei-Eichen-Weg, 69117 Heidelberg
ÖPNV: Haltestelle Posseltslust

Weil »jeder Heidelberger etwas zur Entwicklung, zum Gedeihen seiner Vaterstadt« beitragen sollte, verfügte der Heidelberger Pharmazie-Professor Louis Posselt (1817–1880) in seinem Testament, dass »ein Aussichtstürmchen und Lusthäuschen ... am Waldessaume in der Nähe von den Drei Eichen ..., wo man freie Aussicht auf das ganze Hinterland hat«, errichtet werden sollte. Weiterhin bestimmte er, dass das Häuschen »ebenso solid als dauerhaft und geschmackvoll aussehen soll, sodass es ein gesuchter Platz für Picknicks und heitere Geselligkeit werden möge«. Ein Jahr nach Posselts Ableben wurde das prächtige Bauwerk aus rötlichem Neckartäler Sandstein, das aus einer Arkadenhalle und einem schmalen Aussichtsturm besteht, feierlich eingeweiht und der Öffentlichkeit zugänglich gemacht.

Zur Aussichtsplattform des Turms gelangt ihr über eine Wendeltreppe. Auf 15 Metern Höhe habt ihr bei klarem Wetter einen herrlichen Blick aufs Kraichgau und die südliche Rheinebene. Allerdings nur freitags, samstags, sonntags und an Feiertagen bis Einbruch der Dämmerung – an allen anderen Tagen ist der Turm geschlossen.

Louis Posselt führte zeitweise ein turbulentes Leben. Der politisch engagierte Pharmazeut ging nach dem Scheitern der Badischen Revolution 1849 nach Mexiko ins Exil und betätigte sich dort als Minensachverständiger. Er wurde Direktor diverser Gold- und Silberminen und arbeitete in Kanada an der Kupfergewinnung des Lake Superior. Er kehrte 1860 nach Heidelberg zurück, lehrte an der Universität Chemie und wurde später Stadtrat.

VERPACKUNGSKLASSIKER BESTAUNEN

DEUTSCHES VERPACKUNGSMUSEUM

Hauptstraße 22, 69117 Heidelberg
www.verpackungsmuseum.de
ÖPNV: Haltestelle Bismarckplatz

Ihr lauft ständig daran vorbei, aber drinnen wart ihr noch nie, wetten? Kein Wunder, der Eingang zwischen Nordsee und Pimkie ist leicht zu übersehen, und durch die Hinterhoflage sowieso. Dabei ist das Verpackungsmuseum ein wahrer Schatz und europaweit das einzige seiner Art. Untergebracht in den Räumen einer ehemaligen katholischen Notkirche präsentiert das außergewöhnliche Museum die spannende Entwicklung von Verpackungen aus diversen Materialien wie Holz, Papier, Keramik, Glas, Aluminium und Kunststoffen. Infotafeln erzählen den Werdegang des jeweiligen Verpackungsmaterials, und in Vitrinen sind bekannte Klassiker der Verpackungskultur ausgestellt. Ihr seht die Designentwicklung der Leibniz-Keks-Verpackungen, die unverwechselbaren blauen Weißblechdosen der Nivea Creme seit 1925, alte »Kaiser's Kaffee«-Blechdosen, eine »Knick-Flasche« mit Pelikan-Füllhalter-Tinte, über 90 Jahre alte Bahlsen-Salzletten-Blechdosen und vieles mehr. Ihr erfahrt etwas über die Designer hinter den Verpackungen wie Wilhelm Deffke, »Pionier des modernen Logos«, oder die Grafikerin Martel Schwichtenberg, ab 1917 Designerin für Bahlsen.

Ihr könnt eine Schokoladenverpackungsmaschine von 1910 bestaunen, alte Kinder-Kaufmannsläden aus West- und Ostdeutschland, die mit originalen Markenpackungen befüllt sind, eine Zigaretten-Blechdose von der Titanic und Packungen aus einem »CARE-Paket« von 1946. Wenn ihr euch für Design interessiert, werdet ihr die informative Zeitreise durch die Welt der Verpackungen lieben.

MANOLI
ZIGARETTEN
BOULE D'OR
MAUXION
Odol
ODOL
Mundwasser
Zahnpasta
MAGGI
PRODUKTE
DAIMON
Trink
Coca-Cola
EISKALT.
Erdal
Schuhpflege
Dr. Oetker
ZIGARETTEN
Chocoladen
Fabrik
Vanille Chocolade
Crème Chocolade

AUF ZWEI ROLLEN DURCH DIE BAHNSTADT DÜSEN

HEIDELBERGS ZUKUNFTSSTADTTEIL

69115 Heidelberg
ÖPNV: Haltestelle Hauptbahnhof oder Schwetzinger Terrassen

App installieren, fertig, los! Oder fast. Nach dem Download der App des entsprechenden Anbieters (z. B. LIME oder TIER) aufs Smartphone müsst ihr euch registrieren und die Wahl der Zahlungsmethode eingeben. Erst dann zeigt die App auf einer Karte an, wo in der Nähe sich E-Scooter befinden. Wenn ihr welche gefunden habt, den QR-Code auf dem jeweiligen Roller mit der App scannen und schon kann's losgehen. Ob ihr am Hauptbahnhof oder direkt in der Bahnstadt startet, ist egal, wobei am Bahnhof E-Roller zu jeder Tageszeit in größerer Zahl zur Verfügung stehen. Vom Hauptbahnhof düst ihr über den Czernyring geradeaus weiter in die Galileistraße, an deren Ende ihr auf die zentrale Straße der Bahnstadt, Langer Anger, stoßt.

Der erste Spatenstich für den neuen Stadtteil auf dem ehemaligen Rangier- und Güterbahnhof erfolgte im Mai 2010. Grün, innovativ und nachhaltig sollte er werden. Heute befindet sich auf dem 116 Hektar großen Gebiet die größte Passivhaussiedlung der Welt, deren Wohngebäude sich um Innenhöfe gruppieren. Zwei Drittel der Dachflächen sind begrünt. Die Versorgung mit Strom und Wärme erfolgt aus 100 Prozent regenerativen Energien. Das war im Februar 2021 sogar der New York Times eine Reportage wert. Knapp 5.000 Einwohner zählt Heidelbergs 15. und mit einem Altersdurchschnitt von 29 Jahren jüngster Stadtteil, der weiterhin wächst. Läuft alles nach Plan, soll das Projekt Bahnstadt bis 2027 abgeschlossen sein. Ans alte Areal erinnern am Rande des Stadtteils zwei technische Baudenkmäler: ein Bahnbetriebswerk mit Wasserturm sowie der

On Lime + Uber

Wasserturm am Czernyring.

Parallel zur Straße Langer Anger verläuft an den Feldern die schier endlos lange autofreie Promenade mit zahlreichen Grünanlagen, auf der das E-Roller-Fahren richtig Spaß macht. Rollt sie einmal ganz durch und startet dann eine Entdeckungsreise auf dem Bahnstadtpfad, der sich durch das gesamte Quartier zieht und anhand von Infotafeln, Fotostrecken, Hörbeiträgen und kurzen Videos alle Facetten des Stadtteils aufzeigt – vom Leben in dem nachhaltigen Stadtteil über die Freiflächen und Gebäude bis zum Klimaschutz.

Zur audiovisuellen Entdeckungsreise geht ihr auf eurem Smartphone ins Internet, gebt »www.heidelberg.de/879829.html« ein, aktiviert das GPS und los geht's.

Ein guter Startpunkt ist die Schwetzinger Terrasse, wo sich eine große Übersichtstafel befindet, die alle Stationen anzeigt. Hingucker entlang des Langen Angers ist die 900 Meter lange Teichanlage, die dazu dient, den natürlichen Kreislauf des Regenwassers in dem urbanen Stadtteil aufrechtzuerhalten. Grüne Oase des Quartiers ist der Zollhofgarten, bei dessen Entstehung die alten Gleise und Pflastersteine des ehemaligen Güterbahnhofs verwertet wurden. Wenn ihr genau hinschaut, seht ihr, dass die Wegführung mit Weichen daran erinnert, wie die Gleise einst verlegt waren. Wahrzeichen der Bahnstadt und architektonischer Hingucker ist das markante Forschungsgebäude »SkyLabs« – wie das Himmelslabor entstand, erfahrt ihr in einem Hörbeitrag.

Gönnt euch zwischen den 16 Stationen des Bahnstadtpfades eine der leckeren Kaffeespezialitäten im kleinen Café del Mundo am Gadamerplatz, dem Herzen des Stadtteils.

ESSEN UND TRINKEN IN DER BAHNSTADT

Café Balthazar – täglich wechselnder Mittagstisch
Schwetzinger Terrasse 2

Laib & Leben – Bäckerei und Café
mit leckerem Mittagstisch
Langer Anger 58

Neo – Bar und Restaurant mit Soul Food für Fisch- und Fleischesser, Vegetarier und Veganer
Zollhofgarten 2

Raavana Restaurant – südindische Küche vom Feinsten, darunter auch ayurvedische Gerichte
Zollhofgarten 6

Thai's – authentic food – Thai-Küche
mit günstigem Mittagstisch
Langer Anger 74

Vinothek und Weinbar Laibach & Seeger – Weine aus Europa und Übersee. Probiert werden darf vor Ort.
Schwetzinger Terrasse 3

EIN UNTERIRDISCHES ABENTEUER ERLEBEN

BRUNNENSTOLLEN BURGFESTE DILSBERG

Burghofweg, 69151 Neckargemünd-Dilsberg
www.burgfeste-dilsberg.de
ÖPNV: Haltestelle S-Bahnhof Neckargemünd, dann Bus 753 nach Dilsberg

Zugegeben, das unterirdische Abenteuer ist kurz, aber es ist schon ein Erlebnis, in den Brunnenstollen zu steigen. Nachdem Mark Twain 1878 auf den Dilsberg gekommen war, erwähnte er in seinem Buch »Bummel durch Europa« (A Tramp Abroad, 1892) in einem Kapitel die Sage von einem geheimnisvollen Brunnen in der Feste, in dessen Tiefe ein unterirdischer Gang abzweigen und zu einer entfernten Stelle im Tal führen soll. Dem New Yorker Fritz von Briesen ging dieser Geheimgang nach der Lektüre nicht mehr aus dem Kopf. So reiste er 1896 nach Dilsberg und begann mit der Suche. Da der Brunnen zugeschüttet war, kam er nicht weit und gab schnell wieder auf. Dennoch geisterte der Geheimgang weiter durch seinen Kopf. Er beauftragte ein Spezialteam mit der Suche, das nun tatsächlich fündig wurde. Der geheimnisvolle unterirdische Gang entpuppte sich als knapp 80 Meter langer Brunnenstollen, der in einem Hang unter der Festung endet. Gegen Pfand bekommt ihr einen Schlüssel für das Tor, das zum Stollen führt. Allerdings nur von April bis Ende Oktober – danach gehört der Stollen den Fledermäusen, die sich zum Winterschlaf hierher zurückziehen.

Tipp: Wie wäre es nach dem kleinen Abenteuer mit einem Schokofrühstück? In der Chocolaterie von Konditormeisterin Eva Heß im Gasthaus zur Burg könnt ihr an jedem ersten Sonntag im Monat ab 10.30 Uhr zuckersüß schlemmen. Serviert werden Leckereien aus der hauseigenen Schokoladenküche.

EINFACH MAL NACH OBEN SCHAUEN

FASSADENSCHMUCK IN DER FUSSGÄNGERZONE

Hauptstraße, 69117 Heidelberg
ÖPNV: Haltestelle Bismarckplatz

Wenn ihr durch die Hauptstraße hastet oder bummelt, seht ihr selten mal nach oben, richtig? Schade, denn in luftiger Höhe gibt es allerhand zu entdecken. Wie zum Beispiel den zweigeschossigen Erker mit Jugendstilverglasung in Nummer 44. Oder den Eckerker in Nummer 45, über dem sich Mosaikfelder mit Porträts von Fust, Gutenberg und Schöffer, den Erfindern des Buchdrucks, befinden. Im Stadtpalais Venningen (Nummer 52), das 1707/08 für den gleichnamigen Freiherrn gebaut wurde, steht eine Statue desselbigen im Stockwerk über dem Balkon. Ein Schild weist darauf hin, dass in diesem Gebäude der Physiker Gustav Kirchhoff 1859 die Chemie des Weltalls erschloss. Von einem Eckpodest im ersten Stock grüßt euch in Nummer 75 der legendäre Hofzwerg Perkeo mit einem Weinglas in der Hand. Auch die Laterne darunter ist ein Hingucker.

Am äußersten Rand des Daches von Nummer 86 thront eine Halbfigur mit einem Hammer in der Hand – die seht ihr am besten von schräg gegenüber. Das Gebäude wurde 1901 für den Tabakfabrikanten Philipp Jacob Landfried errichtet. Über der Kneipe The Dubliner in Nummer 93 flankieren zwei mächtige Drachenfiguren den Giebel. Das Geschäftsgebäude in Nummer 96 aus dem Jahr 1902/03 glänzt mit einem hübschen Giebel mit Wappenschmuck auf der einen und einem markanten polygonalen Erkertürmchen auf der anderen Seite. Ein paar Hausnummern weiter (Nummer 117) seht ihr über dem ersten Stock des viergeschossigen schmalen Gebäudes den alten Schriftzug und das farbige Wappen der »Kümmel-Spalterei«, die sich einst darin befand.

Von dem prächtigen roten Sandsteingebäude mit Türmchen und Erker in Nummer 126, einst Bank- und Wohnhaus, heute Universitätsgebäude, grinsen euch drei garstige Konsolköpfe entgegen. An Nummer 130 grüßt in luftiger Höhe die Eckstatue des Mainzer Erzbischofs Konrad III. – ein Überbleibsel aus der Zeit, als das Gebäude im Besitz der Mainzer Aktienbierbrauerei war und das Gasthaus Zum Mainzer Rad beherbergte. Am Eckhaus gegenüber, bei Starbucks (Nummer 137), thront im ersten Stock die »Siegreiche Madonna« mit einem speienden Drachen zu ihren Füßen.

Die Fassade des Hauses »Zum Ritter St. Georg« (Nummer 178), dem 1592 erbauten und heute ältesten noch erhaltenen Bürgerhaus der Stadt, ist ein einziges Kunstwerk – an den Schmuckerkern gibt es allerhand zu entdecken. Im Haus Nummer 180 befand sich einst das Hotel Zum Silbernen Hirsch. Unterhalb der Fenster im ersten Stock thront die barocke Figur eines liegenden Hirsches aus rotem Sandstein, der mal vergoldet gewesen sein soll. Über der ehemaligen Kurfürstlichen Hofapotheke (Nummer 190) prangt das Hermelinmantel-umhüllte Wappen von Carl Theodor, und im Giebel der Kneipe Zum Seppl, seit 1884 beliebter Treffpunkt von Studentenverbindungen, seht ihr die gemalte Darstellung eines Corpsstudenten.

Wenn ihr mit »erhobenem« Blick durch die Hauptstraße und ihre Seitengassen wandert, werdet ihr noch viel mehr entdecken!

MIT DEM LIEBLINGSMENSCHEN

Miteinander entspannen

MAL SO RICHTIG DURCHATMEN

DER SALZRAUM

Rohrbacher Str. 20, 69115 Heidelberg
salzraum-heidelberg.de
ÖPNV: Haltestelle Seegarten

Mit geschlossenen Augen ist es fast wie an einem Atlantikstrand. Wellen klatschen ans Ufer, in der Ferne kreischen Möwen, die Luft ist salzig. Nur dass man sich nicht am Meer befindet, sondern in eine Decke gehüllt auf einer bequemen Liege im Salzraum. Der Sound kommt aus Lautsprechern, die salzige Luft wird mit Hilfe einer Sole-Vernebelungsanlage erzeugt. Das Salz stammt aus einer staatlich anerkannten Heilquelle und enthält wertvolle Mineralien und Mikroelemente. Jeder Atemzug ist eine Wonne. Die Temperatur beträgt angenehme 22 Grad, die Luftfeuchtigkeit liegt bei 40 bis 50 Prozent. Das Licht ist gedimmt, die Wände sind mit orangefarbenen Salzbrocken und Salzziegeln ausgekleidet, auf dem Boden liegt eine dicke Schicht aus groben Salzkörnern. Damit diese ihre Reinheit behalten, stecken die be- und unbeschuhten Füße der Gäste in Plastiküberziehern.

Dass sich Salz positiv auf die Atemwege auswirkt, dokumentierte ein polnischer Arzt bereits 1843, als er beobachtete, dass Salzbergleute seltener an Atemwegserkrankungen litten als Angehörige anderer Berufsgruppen. So entstand in Polen Mitte des 19. Jahrhunderts die erste Kuranlage, der sogenannte »Heilstollen«, im Salzbergwerk Wieliczka.

In Deutschland sprach erstmals um 1950 ein Arzt davon, dass sich der Aufenthalt in einer Salzmine gesundheitsfördernd auf das Atemsystem auswirkt, aber erst seit der Jahrtausendwende erobern künstlich angelegte Salzgrotten, auch Salzräume genannt, Wellnesscenter und Kurbäder. Auch ohne Atemwegsprobleme sind die 45 Minuten Aufenthalt im Salzraum eine erholsame Pause vom Alltag und fast wie ein Ausflug ans Meer.

MIT DEM SCHATZ KOSMOPOLITISCH ÜBERNACHTEN

WELTREISE IM HIP-HOTEL

Hauptstraße 115, 69117 Heidelberg
www.hip-hotel.de
ÖPNV: Haltestelle Universitätsplatz

Heute Athen, morgen New York, übermorgen Marrakesch? Mitten in der Heidelberger Altstadt könnt ihr mit eurem Lieblingsmenschen in ferne Länder reisen oder auch mal zwischendurch eine Auszeit in einer hippen Metropole verbringen. 27 individuell eingerichtete Zimmer im kosmopolitischen Hip-Hotel machen's möglich. Dort fährt der Aufzug nicht in Etagen, sondern von Bali hinauf nach Mexiko und von Amsterdam hinunter nach Zermatt. Ihr habt die Qual der Wahl. Jeder Raum ist mit authentischen Gegenständen aus dem jeweiligen Land eingerichtet.

Wie wäre es mit einer Nacht in Rom unter einem Deckengemälde wie aus der Sixtinischen Kapelle, in Athen unter einem riesigen Relief aus dem Parthenon-Fries oder mit Sisi und Franz unter einem schmucken Kronleuchter in Wien? Die Skandinavien-Fans unter euch erwartet in Göteborg die zeitlose Ästhetik des schwedischen Designs, und wer Irland liebt, kann in Dublin mit viel Grün rechnen.

Wenn euch der Sinn nach Abenteuer steht, werdet ihr von Ottawa begeistert sein. Das holzverkleidete Zimmer ist einer Goldgräberhütte nachempfunden. Möchtet ihr ein Wochenende in den Schweizer Bergen verbringen? Im Raum Zermatt wurde eine originale Skihütte aus den Alpen eingebaut. Zieht es euch in wärmere Gefilde? In Havanna locken karibisches Flair und das gigantische Konterfei Che Guevaras hinter dem Bett. Auf der Südseeinsel Malolo habt ihr eure eigene kleine Strandhütte mit Veranda und Sand vor der Tür, und in Down Under steht tatsächlich alles »upside down« – auf dem Kopf.

HIP-HOTEL
115

BEIM KUNSTSPAZIERGANG ENTSPANNEN

HEIDELBERGER SKULPTURENPARK

Schlierbacher Landstraße 200A, 69118 Heidelberg
www.skulpturenpark-heidelberg.de
ÖPNV: Haltestelle Orthopädischc Klinik

Kennt ihr den Skulpturenpark im Landschafts- und Gartenpark der Orthopädischen Universitätsklinik in Schlierbach? Wohl eher nicht. Außer ihr seid oder wart in der Klinik mal Patienten, habt dort einen Lieblingsmenschen besucht oder ihr arbeitet da. Dabei lohnt sich der kostenlose Spaziergang in der weitläufigen Freiluftgalerie, die als bedeutendster Ort für Kunst im öffentlichen Raum in der Metropolregion Rhein-Neckar gilt, durchaus. Hier, auf einem Plateau über dem Neckar, könnt ihr nicht nur zeitgenössische Kunst bestaunen, sondern inmitten von viel Grün auch herrlich entspannen.

Als die Außenanlagen des Klinikums 1995 neu gestaltet wurden, hatte der damalige Klinikdirektor, Professor Dr. med. Horst Cotta, die Idee, im neuen Park Großskulpturen namhafter Künstler aufzustellen, um für Patient*innen und Besucher*innen einen Raum zur Begegnung mit moderner Kunst, zur Besinnung und Meditation zu schaffen.

Ihm ist das Kunstwerk »Life is Movement« gewidmet, das euch zuerst ins Auge fällt, wenn ihr oben auf dem Klinikgelände ankommt. Die zehn Meter hohe kinetische Windskulptur aus Edelstahl des Ladenburger Künstlers Hans-Michael Kissel stellt einen Baum dar, dessen geschliffene Stahlblätter das Sonnenlicht reflektieren und sich in Bewegung setzen, sobald Wind weht. Ein Spektakel, wenn es stürmt!

Nicht zu übersehen ist »Solarica Y« des 1995 verstorbenen Berliner Bildhauers Bernhard Heiliger. Die abstrakte rostbraune Stahlskulptur besteht aus einer Kugel, einem zweidimensionalen Kreisring sowie zwei

Linien, die eine Pyramide andeuten. Setzt euch auf eine der gegenüberliegenden Bänke, die sich um einen Baum gruppieren, und lasst das Kunstwerk auf euch wirken.

Bei der länglichen Skulptur »Gegenläufig« des Frankfurter Künstlers Claus Bury, zu dessen zentralen Themen Boote und Schiffe gehören, ist etwas Mathematik gefragt, denn die Längenausdehnung der Holzkonstruktion aus verzapften Balken ergibt sich aus den Regeln der Fibonacci-Folge. Das heißt, jeder neue Wert entsteht aus der Addition der beiden vorangegangenen Zahlen. So entsteht von 1 ausgehend als erster neuer Wert 2, dann 3, 5, 8 und 13. Das sind die jeweiligen Längen der einzelnen Balkenlagen der Skulptur. Klingt etwas kompliziert, oder? Schaut euch die seltsame Konstruktion an. Auf Englisch hat der Künstler sein Werk »Low Tide – High Tide« (Ebbe und Flut) genannt.

Der Skulpturenpark mit 28 Werken (Stand 2021), den ihr auf einem Rundweg erlaufen könnt, besteht aus einem vorderen und hinteren Teil. Vorne dominieren in parkähnlichem Ambiente die blassgelben Klinikgebäude, die eher an barockzeitliche Klosterkomplexe als an Krankenhausgebäude erinnern, hinten dominiert die Natur. Dort findet ihr neben Kunstwerken Ruhe und Idylle pur – der ideale Ort, um zu entschleunigen!

Jährlich finden Sonderausstellungen statt, bei denen die Werke eines bestimmten Künstlers im Mittelpunkt stehen. Schaut einfach mal auf die Website des Skulpturenparks – dort findet ihr die Termine.

EIN WOCHENENDE IM HEU VERBRINGEN

Habt ihr Lust, mal im Heu zu übernachten? Das könnt ihr im Heuhotel Theuerweckl in Neckarkatzenbach.

Ein Bett im Heu sorgt für einen guten Schlaf und soll aufgrund der unzähligen natürlichen Inhaltsstoffe aus Blumen, Gräsern, Kräutern und unterschiedlichen Pflanzen viele gesundheitliche Vorteile haben.

➸ www.heuhotel-theuerweckl.de

GEMÜTLICH DURCHS NECKARTAL SCHIPPERN

WEISSE FLOTTE HEIDELBERG

Neckarstaden 25, 69117 Heidelberg
weisseflottehd.de/burgenfahrt-neckartal
ÖPNV: Haltestelle Kongresshaus

Verabredet euch an einem schönen Sommer- oder Frühherbsttag doch mal zur Burgenfahrt auf dem Neckar. Möglichst unter der Woche und gleich morgens, wenn die Touristen noch beim Frühstück oder im Reisebus sitzen. Mit etwas Glück habt ihr das halbe Oberdeck für euch allein und könnt während der Fahrt beim beruhigenden Plätschern der Wellen gegen das Schiff so richtig schön entspannen und die viel besungene Schönheit des Neckartals genießen. Diese beginnt schon bei der Abfahrt, wenn ihr den weltberühmten Dreiklang von Altstadt, Fluss und Bergen im Blick habt, der die Dichter der Romantik so verzauberte und durch die Jahrhunderte nichts von seiner Schönheit verloren hat.

Mark Twain war der Meinung, dass Heidelberg im Sommer der Gipfel der Schönheit sei, aber dass »niemand das höchste Ausmaß dieser sanften und friedvollen Schönheit begriffen, wirklich wahrgenommen und genossen hat, der nicht auf einem Floß den Neckar hinab gefahren ist«, schrieb er in seinem Buch »A Tramp Abroad«. Gut, ihr fahrt flussaufwärts und statt auf einem romantischen Floß sitzt ihr auf einem Ausflugsdampfer, aber das tut der Schönheit der Umgebung keinen Abbruch: Burgen, die sich in die steilen Berghänge des Odenwalds fügen, die Feste Dilsberg, die über einer Neckarschleife thront, romantische Städtchen und viel Grün ringsum. Höhepunkt der dreistündigen Fahrt nach Neckarsteinach sind die vier hoch oben gelegenen Burgen Vorderburg, Mittelburg, Hinterburg und Schadeck.

SCHLOSS-HEIDELBERG

MIT TAI CHI IN BALANCE BLEIBEN

TAI CHI DAO IN ZENTRUM

Bergheimer Straße 147, 69115 Heidelberg
www.taichi-zentrum-heidelberg.de
ÖPNV: Haltestelle Betriebshof

Habt ihr morgens auf der Neckarwiese schon mal Menschen gesehen, die wie in Zeitlupe tänzerische Bewegungen ausführen? Das ist Tai Chi Chuan (Taijiquan), kurz Tai Chi, chinesisches Schattenboxen. In China seht ihr am frühen Morgen in Stadtparks hunderte von Menschen, die gegen einen unsichtbaren Gegner antreten. Tai Chi ist eine uralte chinesische Kampfkunst, die ursprünglich zur Selbstverteidigung entwickelt wurde. Im Laufe der Jahrhunderte hat sie sich jedoch zu einer ganzheitlichen Bewegungskunst verändert, mit der ihr dank der langsam und bewusst ausgeführten Bewegungen Entspannung und Ruhe entwickeln könnt. Tai Chi wirkt sich positiv auf den gesamten Bewegungsapparat und die vegetativen Funktionen des Körpers aus.

Im Taoismus steht der Begriff Tai Chi für das höchste Wirkprinzip im Leben, Chuan bedeutet Faust. In der chinesischen Kampfkunst wird dieses Wort benutzt, wenn die Kampftechnik mit »leerer Hand« (ohne Waffen) ausgeführt wird.

Tai Chi geht der Legende nach auf ein Erlebnis eines taoistischen Mönchs zurück, der in den Bergen den Kampf zwischen einem Kranich und einer Schlange beobachtete. Die Schlange wich dem Riesenvogel immer wieder geschickt aus, bis dieser, der doch eigentlich der Stärkere war, erschöpft aufgab. Gegen die Biegsamkeit der Schlange ging seine Stärke ins Leere. So liegt der Fokus im Tai Chi nicht auf Kraft, sondern darauf, Bewegungen mit wenig Anstrengung durchzuführen. Lernen könnt ihr's im Tai Chi Dao In Zentrum in Bergheim.

DEM ALLTAG ENTSCHWEBEN

BALLONFAHRT

Infos zu den Fahrten und Buchung unter
www.skytours-ballooning.de

Wetten, dass auch ihr zu denen gehört, die sehnsüchtig in den Himmel schauen, wenn dort ein Ballon scheinbar schwerelos durch die Lüfte gleitet? Wie kein anderes Fluggefährt verkörpert ein Heißluftballon Abenteuer und Freiheit, denn allein der Wind bestimmt, wohin die Reise geht. Zugegeben, ganz günstig ist der Ausflug ins Luftmeer nicht, aber auch nicht unerschwinglich. Und das unbeschreibliche Gefühl, das euch beim lautlosen Schweben zwischen Himmel und Erde überkommt, ist sowieso unbezahlbar. Ganz zu schweigen von dem Blick, der sich in der Vogelperspektive über Heidelberg, den Odenwald und die Rhein-Neckar-Region bietet.

Die Ballonfahrt startet am Bierhelderhof hoch über der Stadt. Zuvor wird dort der Ballon aber erst einmal aufgebaut. Wenn ihr möchtet, dürft ihr bei den Vorbereitungen unter Anleitung des Piloten gern mithelfen. Bevor ihr einsteigt und im Korb durch die Lüfte streift, gibt es eine ausführliche Sicherheitseinweisung durch den Piloten, der erklärt, wie ihr euch während der Ballonfahrt und bei der Landung richtig verhaltet.

Wenn der Ballon abhebt und langsam ins Meer der Lüfte entschwebt, spürt ihr ein Kribbeln im Bauch, haltet den Lieblingsmenschen an der Hand und traut euch erst mal nicht, über den Korbrand zu schauen. Riskiert trotzdem einen Blick, denn sonst verpasst ihr die einmalige Aussicht über die Stadt, die ihr nun aus einer völlig neuen Perspektive seht. Nach 60 bis 90 Minuten landet der Ballon wieder. In einer traditionellen Zeremonie werdet ihr nun in den Adelsstand der Ballonfahrer erhoben und nach alter »Ballönertradition« getauft – Urkunde inklusive!

VON DER HAUPTSTRASSEN-HEKTIK PAUSIEREN

GARTEN KURPFÄLZISCHES MUSEUM

Hauptstraße 97, 69117 Heidelberg
ÖPNV: Haltestelle Universitätsplatz

Sehnt ihr euch während eines Einkaufsbummels in der belebten Fußgängerzone bisweilen nach einer kleinen Oase der Ruhe? Diese findet ihr im Garten des Kurpfälzischen Museums. Wenn ihr durch das Tor in der Hauptstraße 97 tretet und durch den Innenhof des Museums geht, kommt ihr direkt hinein. Rechts befindet sich die Terrasse des Restaurants Garibaldi, links führt ein schmaler Weg zu Bänken unter hohen Bäumen, der bei den »steinernen Zeugen der Stadtgeschichte«, einer antiken Wasserleitung, einem Steinkübel und drei Steinkugeln um die Ecke biegt. Hier beginnt die Idylle. Ganz hinten, an dem niedrigen Mäuerchen, ist es herrlich schattig und ruhig, und man kann es sich kaum vorstellen, dass die geschäftige Fußgängerzone nur wenige Meter entfernt ist. Kauft euch im nahen Café Schafheutle handgeschöpfte Pralinen und einen Piccolo Prosesso, bevor ihr durchs Tor tretet, streckt die Beine aus und genießt das Vogelgezwitscher und die Idylle unter den alten Bäumen.

Wie es hier um 1710 wohl aussah, als das heutige Kurpfälzische Museum als Palais Morass für den Juristen und ehemaligen Rektor der Universität, Johann Philipp Morass, errichtet wurde? Die Bäume standen da noch nicht. Sicher auch nicht 1831, als der Augenarzt und Chirurg Freiherr Maximilian Joseph von Chelius das Gebäude erwarb. Er war seinerzeit einer der berühmtesten Ärzte Europas. Sogar der Komponist Frédéric Chopin kam nach Heidelberg, um sich von ihm behandeln zu lassen. 1905 kaufte die Stadt das Palais und eröffnete es ein Jahr später als »Städtische Kunst- und Altertümersammlung«.

MIT NECKARBLICK ZELTEN

CAMPING HEIDELBERG

Schlierbacher Landstraße 151, 69118 Heidelberg
www.camping-heidelberg.de
ÖPNV: Haltestelle Im Grund

Ein Urlaubswochenende in der eigenen Stadt, das hat was. Und wenn man es zusammen mit dem Lieblingsmenschen in einem Zelt direkt am Neckarufer verbringt, wird es gar zum Mikroabenteuer. Heidelbergs einziger Campingplatz liegt im Stadtteil Schlierbach, etwa fünf Kilometer flussaufwärts der Alten Brücke. So ein gemeinsames Zeltabenteuer vor den Toren der Stadt ist abwechslungsreich und romantisch zugleich. Vor allem, wenn das Wetter mitspielt und die Sonne vom strahlend blauen Himmel lacht. Sobald das Zelt aufgebaut und das Wochenendgepäck darin verstaut ist, kann das süße Nichtstun beginnen: faul im grünen Gras liegen und gemeinsam Tagträumen nachhängen, Pläne schmieden, vorbeifahrenden Schiffen winken und am Abend bei Sonnenuntergang die mitgebrachten Leckereien verzehren. Später unterm Sternenhimmel ein Glas Wein trinken und schließlich zusammen beim Rauschen des Flusses einschlafen.

Die Lage des Campingplatzes im romantischen Neckartal ist einmalig und lädt zu zahlreichen Wanderungen ein, falls es zu langweilig wird, nur vor dem Zelt zu sitzen. Hinauf zum mystischen Felsenmeer ist es ein einstündiger, zur Himmelsleiter weiter östlich und zur Spitze des Königstuhls jeweils ein eineinhalbstündiger Fußmarsch. Auf der gegenüberliegenden Neckarseite ist es nicht weit zum Geotop »Löss vom Haarlass«, dem Fenster zur Eiszeit. Hinüber führt die Ziegelhäuser Brücke, die nur einen Katzensprung vom Campingplatz entfernt liegt.

Und falls das Wochenende doch nicht so harmonisch verläuft wie geplant, seid ihr mit dem Bus in zehn Minuten wieder im Zentrum. Die Haltestelle befindet sich direkt am Campingplatz.

GANZ IM HIER UND JETZT SEIN

BUDDHISTISCHES ZENTRUM HEIDELBERG

Blumenstraße 49, 69115 Heidelberg
www.diamantweg-buddhismus.de/heidelberg
ÖPNV: Haltestelle Römerkreis Süd

Auf dem Kissen sitzen, mit der richtigen Sitzhaltung hadern, an nichts denken und jeden störenden Gedanken, der sich beim Nichtdenken einschleichen will, auf Teufel komm raus verjagen? Das klingt ganz schön kompliziert. Ist es auch, und so funktioniert Meditation nicht.

Meditation bedeutet, ganz im Hier und Jetzt zu sein, als Beobachter, ohne Bewertung des Geschehens. Den Strom der Gedanken nicht zwanghaft abzuschalten, sondern ihn einfach kommen und gehen zu lassen, dadurch zur Ruhe zu kommen und das anzunehmen, was im Augenblick ist. Mehr nicht. Mit etwas Übung und Geduld schafft ihr es nach einiger Zeit, störende Gedanken tatsächlich zum Schweigen zu bringen und das Bewusstsein wachzurufen.

Im Buddhistischen Zentrum in der Weststadt könnt ihr ohne Voranmeldung und kostenfrei an den Meditationen am Abend teilnehmen. Vorkenntnisse in der Meditation sind dazu nicht erforderlich.

Das Zentrum lehrt den Diamantweg-Buddhismus, der zum tibetischen Buddhismus gehört. Der Däne Ole Nydahl (Lama Ole) gründete 1973 das erste Diamantweg-Zentrum in Kopenhagen, mittlerweile gibt es weltweit über 630. Die Zentren richten sich an Menschen aus dem westlichen Kulturkreis – hier soll die buddhistische Lehre in einer für den Westen geeigneten Form vermittelt werden. Die Meditationsgruppen ermöglichen jedem einen einfachen Zugang zur Meditation. Nehmt doch einfach mal zusammen an einer Abendmeditation teil und probiert aus, ob das was für euch ist.

VOR HISTORISCHER KULISSE PICKNICKEN

THINGSTÄTTE

Heiligenberg, 69121 Heidelberg

Nehmt das Auto und parkt auf dem Parkplatz an der Waldschenke

Zugegeben, es ist eine ganz schöne Schlepperei mit dem Picknickkorb, den Taschen und Decken vom Parkplatz zur Thingstätte. Aber es gibt dort nun mal wunderbare Nischen für ein Picknick! Und zwar rechts und links der Bühne. Oder dachtet ihr, ihr müsstet nun schwer bepackt die Treppen zwischen den steinernen Sitzstufen der Zuschauerränge erklimmen?

Auf dem unteren Teil der linken oder rechten Treppe neben der Bühne ist rings um die »Picknicktafel« für mehrere Lieblingsmenschen Platz. Hier seid ihr für euch und könnt beim Essen, Trinken und Ratschen das Treiben auf den gegenüberliegenden »Zuschauerrängen« beobachten. Da gibt es immer was zu sehen. Fitnesswahnsinnige, die eine Stunde lang die unzähligen Stufen hinauf- und wieder hinunterrennen, Teenager, die sich für Instagram-Fotos in die verschiedensten Posen setzen, Grüppchen, die diskutieren, und Kinder, die bocken und sich weigern, auch nur eine weitere Stufe hinaufzugehen. Das Leben auf der Thingstätte spielt sich auf den Zuschauerrängen ab, nicht auf der Bühne.

Die monumentale Freilichtbühne wurde von den Nationalsozialisten zwischen 1934 und 1935 nach dem Vorbild antiker griechischer Theater errichtet und als »Feierstätte Heiligenberg« für Theateraufführungen, Sonnenwendefeiern und Propagandaveranstaltungen genutzt. Nach 1945 blieb die Thingstätte weitgehend dem Verfall überlassen. Von den 1980er Jahren bis 2017 fanden in der Walpurgisnacht inoffizielle Feiern mit bis zu 20.000 Menschen statt. Aufgrund von Vermüllung, Waldbränden und Verletztenbergungen verbot die Stadt weitere Feiern. Heute steht die Thingstätte unter Denkmalschutz.

GEMEINSAM EINFACH MAL NIKSEN

GRAHAM PARK

Dossenheimer Landstraße 13, 69121 Heidelberg
ÖPNV: Haltestelle Tiefburg

Schon mal was vom neuen Wellnesstrend »Niksen« gehört? Der kommt aus den Niederlanden und bedeutet übersetzt »nichts tun«. Der Kunst des Nichtstuns braucht ihr weder allein noch im stillen Kämmerlein zu frönen. Gemeinsam mit einem Lieblingsmenschen »nikst« es sich schöner. Zum Beispiel auf einer Parkbank unter alten Bäumen im Graham Park in Handschuhsheim, den manche den schönsten Bürgerpark Heidelbergs nennen. Schaltet euer Smartphone aus, hört dem Vogelgezwitscher zu, lasst die Gedanken wandern, hängt Tagträumen nach und seid für eine Weile einfach nur ihr selbst.

Der Park grenzt ans Handschuhsheimer Schlösschen, ein Herrenhaus, das 1609 von der Familie Knebel errichtet wurde und in seiner heutigen Form um 1700 entstand – bis auf den markanten Treppenturm, der noch aus den Anfangstagen stammt. Das Haus hatte im Laufe der Jahrhunderte wechselnde Besitzer. Einer war seit 1836 der Brandenburger Kaufmann Carl Uhde, der aus Mexiko unzählige Kunst- und Naturschätze mitgebracht hatte. Darunter zahlreiche archäologische Objekte, die sich heute im Ethnologischen Museum Berlin befinden.

Uhde war derjenige, der den Park anlegen und exotische Bäume pflanzen ließ. Benannt ist der Park allerdings nach dem Engländer John Benjamin Graham, der das Anwesen 1861 vom Sohn Uhdes erwarb und den Park für die Handschuhsheimer öffnete. Der Minenbesitzer, der sein Vermögen in Australien gemacht hatte und seit 1855 mit seiner Familie in Frankfurt am Main lebte, nutzte das Schlösschen als Sommerwohnsitz. Heute beherbergt es das Handschuhsheimer Bürgeramt.

INSTAGRAM
#LIEBLINGSMENSCHENUNTERWEGS

IHR ENTDECKT MIT DIESEM BUCH EURE STADT NEU?
DANN VERLINKT EUCH UND EUREN LIEBLINGSMENSCHEN
AUF INSTAGRAM:

#LIEBLINGSMENSCHENUNTERWEGS
#LIEBLINGSMENSCHENHEIDELBERG

MIT DEM LIEBLINGSMENSCHEN

Zusammen kreativ werden

AN EINEM COCKTAIL-WORKSHOP TEILNEHMEN

COCKTAILCAFÉ REGIE

Theaterstraße 2, 69117 Heidelberg
regie-heidelberg.de
ÖPNV: Haltestelle Universitätsplatz

Wolltet ihr schon immer mal wissen, wie man richtig gute Cocktails mixt? Dann meldet euch zusammen mit eurem Lieblingsmenschen zum Cocktail-Workshop im Café Regie an. Dort führt euch ein Bartender in die Kunst des Cocktailmixens ein und erklärt euch, wie die richtige Mischung gelingt. Anschließend bereitet ihr unter seiner Anleitung eure Lieblingscocktails zu. Ob es sich dabei um Klassiker wie Caipirinha, Cosmopolitan, Daiquiri, Tequila Sunrise handelt oder ihr eine Eigenkreation zusammenstellen möchtet, spielt keine Rolle. Die nächste Party mit selbstgemixten Cocktails wird garantiert ein voller Erfolg!

Alkoholische Mixgetränke gab es schon, bevor der Begriff Cocktail erstmals auftauchte. Um die Herkunft des Wortes, das übersetzt »Hahnenschwanz« bedeutet, ranken sich zahlreiche Anekdoten und mehr als 30 Theorien. So soll der Begriff im 18. Jahrhundert in den Südstaaten der USA nach einem Hahnenkampf entstanden sein. Dem unterlegenen Hahn wurden vom Besitzer des Siegerhahns ein paar Schwanzfedern ausgerissen und anschließend mit einem Drink und den Worten »To the cock's tail« auf den Gewinner angestoßen. Einer anderen Theorie nach soll der französische Apotheker Antoine Peychaud in New Orleans eine Mischung aus Absinth, Cognac und Peychaud's Bitter in Eierbechern (französisch: coquetier) serviert haben. Die Amerikaner sprachen »coquetier« ähnlich wie cocktay aus, daraus soll dann der Begriff Cocktail entstanden sein.

BEIM SCHMUCKHERSTELLEN DIE ZEIT VERGESSEN

PERLEN INSEL & CREATIVE LOUNGE

Grabengasse 8 (Universitätsplatz), 69117 Heidelberg
www.perleninsel.de
ÖPNV: Haltestelle Universitätsplatz

Perlen aufziehen, Haken biegen, Verschlüsse befestigen – gewusst wie, ist es einfacher als vermutet, eine Halskette, Ohrringe oder ein Armband anzufertigen. Zur Auswahl stehen unzählige Perlen aus hochwertigen Naturmaterialien in allen möglichen Farben, Formen und Größen. Ihr habt die Qual der Wahl. Soll es eine Kette aus verschiedenen Perlen werden, Ohrringe in leuchtendem Türkis oder ein Armband aus funkelnden Steinen?

Zu Beginn des dreistündigen Workshops werden euch die verschiedenen Arbeitstechniken, Fädelmaterial und das Werkzeug, mit dem ihr später werkelt, vorgestellt. Danach erklärt euch die Kursleiterin und Inhaberin der Perlen Insel, Delia Reschka-Beneicke, Schritt für Schritt das Know-how, das ihr benötigt, um euer Lieblingsschmuckstück anzufertigen. Ob Fädeln, Flechten, Ösen biegen – ihr bekommt jede Menge Tipps, wie euch das perfekt gelingt. Im Vordergrund stehen eure ganz individuellen Designwünsche, zu denen ihr fachgerecht begleitet werdet, sodass ihr am Ende eine wunderschöne Halskette, formvollendete Ohrringe oder ein elegant verarbeitetes Armband mit nach Hause nehmen könnt.

Der Workshop findet in künstlerisch inspirierender Atmosphäre inmitten der historischen Räume der ehemaligen Weiss'schen Universitätsbuchhandlung statt, die sich hier einst befand. Die antiken handgefertigten Holzregale erinnern noch daran. Heute sind die ehrwürdigen Räume dem »Schmücken, Verwöhnen und Schenken« gewidmet, und in den hohen Holzregalen befinden sich statt Büchern farbenfroher Schmuck, besondere Geschenkartikel und die feinen Düfte der italienischen Naturkosmetik-Marke L'Erbolario.

GEMEINSAM EINEN BONSAI GESTALTEN

BONSAI ZENTRUM

Mannheimer Straße 401, 69123 Heidelberg
bonsaizentrum-hd.de
ÖPNV: Haltestelle Edingen, Schillerstraße, dann knapp 1 km Fußweg
Anfahrt am besten mit Fahrrad oder Auto

»Baum in der Schale« lautet die Übersetzung für das japanische Wort Bonsai. Die Miniatur-Bäume aus Fernost sind keine besonderen Baumarten, die von Natur aus zwergwüchsig sind, sondern normale Bäume werden durch Beschneiden der Wurzeln und Triebe klein gehalten und selten größer als ein Meter. So kann mit der richtigen Technik jeder Baum zu einem Bonsai herangezogen werden – aus China oder Japan kommen muss er nicht.

Klar, auch schnell wachsende Baumarten brauchen ein paar Jahre, bis sie so weit sind. Dazu habt ihr natürlich nicht die Geduld, wenn ihr zusammen mit dem Lieblingsmenschen sofort einen Bonsai gestalten wollt. Fertige Bäume jeder Größe und für jedes Budget könnt ihr im Bonsai Zentrum in Wieblingen erwerben. Zuvor solltet ihr euch aber die Frage stellen, ob es ein Bäumchen für drinnen, den Balkon oder die Terrasse, den Garten, eine immergrüne oder eine Jungpflanze sein soll. Wenn ihr noch keine Erfahrungen mit einem Bonsai habt, solltet ihr euch für eine pflegeleichte Variante entscheiden. Lasst euch beim Kauf beraten.

Wenn ihr den richtigen Bonsai gefunden habt, könnt ihr diesen vor Ort in einem Workshop nach euren Wünschen bearbeiten. Wann die nächsten Workshops stattfinden, erfahrt ihr auf der Website des Zentrums. In dem eintägigen Kurs, der um 10 Uhr beginnt und gegen 15.30 Uhr endet, werden euch im Basis-Workshop Grundkenntnisse

in Bezug auf Pflege und Gestaltung eines Bonsais vermittelt, bevor ihr euch in einem Aufbau-Workshop daran macht, euer mitgebrachtes oder zuvor erworbenes Bäumchen nach eurem Gusto zu gestalten. Die Tradition des Bonsais entstand im frühen 7. Jahrhundert in China, Landschaften im Miniaturformat waren dort allerdings schon seit etwa 200 n. Chr. bekannt. Buddhistische Mönche brachten die Kunst, die in China Penzai bzw. Penjing genannt wird, im 10./11. Jahrhundert nach Japan, wo sie sich weiterentwickelte. Während die Chinesen bis heute die fantasievolle Gestaltung der Minibäume lieben, wurde die Bonsai-Kunst bei den Japanern zu einer Art Naturverehrung. Das Bäumchen sollte und soll dem natürlichen Wachstum der Pflanze entsprechen und seinem großen Artverwandten, von der windgepeitschten schiefen Kiefer bis zum eleganten Baum im Park, so ähnlich wie möglich sehen. In Japan gibt es zahlreiche öffentliche Bonsai-Gärten und Parks mit Bäumen im Miniformat und sogar ein riesiges Museum, das sich ganz dieser Kunst verschrieben hat. Näher für alle, die jetzt von Bonsais fasziniert sind, liegen allerdings die Bonsai-Museen in Düsseldorf und Seeboden (Österreich).

Die westliche Welt wurde erstmals 1867 während der Weltausstellung in Paris im Pavillon der Japaner auf die fernöstliche Bonsai-Kunst aufmerksam. Bis diese sich in Europa verbreitete, sollten aber noch weitere 100 Jahre vergehen. Erst seit etwa Mitte der 1970er Jahre sind die Minibäume auch in Deutschland populär. Anders als gewöhnliche Terrassen- oder Zimmerpflanzen braucht der Bonsai weitaus mehr Aufmerksamkeit, was Pflege und Gestaltung anbelangt. Einfach gießen und ab und zu mal schneiden reichen nicht. Um den Bonsai in Form zu bringen, werden bestimmte Schnitttechniken benutzt. All das lernt ihr im Basis-Workshop.

HEIDELBERG KULINARISCH KENNENLERNEN

Führung »Köstliches Heidelberg«

Streifzug durch die Altstadt
mit regionalem Drei-Gänge-Menü

➳ guide@heidelberg-marketing.de

Steht euch der Sinn nach einem vegetarischen Kochkurs? Schaut mal auf die Website vom Restaurant »Red – die grüne Küche«: www.red-diegruenekueche.com. Unter dem Punkt »Kochkurse« findet ihr die aktuellen Angebote.

Wie wäre es mit leckerem Essen inklusive Heidelberger Weinprobe? Im Restaurant »Zum Güldenen Schaf« in der Hauptstraße könnt ihr zu leckerem Wein schlemmen und erfahrt dabei viel Wissenswertes rund um den Wein.

➳ www.weinundwohl.de
➳ www.schaf-heidelberg.de

GEMEINSAM EIN MENÜ KOCHEN

COOKST DU! KOCHSCHULE EPPELHEIM

Handelsstraße 2, 69214 Eppelheim
www.kochschule-eppelheim.de
ÖPNV: Haltestelle Lilienthalstraße

Gemeinsam kochen macht Laune und bringt Spaß. Ganz besonders, wenn ihr dabei außergewöhnliche Rezepte und neue Zubereitungstechniken kennenlernt. Wie ihr ein leckeres Menü hinbekommt, zeigen euch Profi-Köche in der über 500 Quadratmeter großen Kochschule »Cookst Du!«, die über moderne Kochinseln, einen großzügigen Outdoor-Bereich mit eigenem Kräutergarten, Terrasse und Seerosenteich verfügt.

Mehrmals pro Woche finden am Abend ab 19 Uhr Kurse statt, in denen ihr die Vielfalt der europäischen Küche kennenlernen könnt. Ihr habt die Qual der Wahl: Soll es ein kulinarischer Streifzug durch die Küche Italiens sein? Die spanische Küche mit Fisch, Meeresfrüchten, Gazpacho und mediterranem Gemüse? Oder ein französisches Vier-Gänge-Menü? Ihr mögt die asiatische Küche lieber? Kein Problem. Wie wäre es mit einem Thai-Curry oder Sushi? Nicht jeder Kochkurs bezieht sich auf die Küche eines Landes. Angeboten werden auch Kurse, in denen ihr lernt, Fisch richtig zu filetieren oder Nudelteige selbst herzustellen und diese in leckere Gerichte zu verwandeln. Oder ihr könnt Bekanntschaft machen mit der vegetarischen Küche, mit der Vielseitigkeit des Woks und im Grill-Workshop mit diversen Grillmethoden und -rezepten. Im Afterwork-Kochkurs erfahrt ihr, wie ihr nach der Arbeit mit wenig Aufwand ein gesundes und leckeres Mahl kocht, und im Kurs »Weihnachtliches Gourmetmenü« im Dezember lernt ihr, ein viergängiges Festtagsmenü zuzubereiten. Soll es etwas ganz Besonderes sein? Dann überrascht euren Schatz doch mit dem Partnerkochkurs »Liebe geht durch den Magen«. Schaut euch auf der Website der Kochschule weitere Kurse an.

AFRIKANISCHE RHYTHMEN TROMMELN

WELTHAUS HEIDELBERG

Willy-Brandt-Platz 5, 69117 Heidelberg
Infos und Anmeldung: www.deutschafrikanischerverein.de
ÖPNV: Haltestelle Hauptbahnhof

Trommeln macht Spaß, entspannt und ist gar nicht so schwer zu erlernen. Der Deutsch-Afrikanische Verein (DAV), der in den 1990er Jahren mit dem Ziel des interkulturellen Austauschs und der Völkerverständigung zwischen Afrika und Deutschland gegründet wurde, bietet Anfängerkurse und Wochenend-Workshops an. Dort könnt ihr zusammen mit eurem Lieblingsmenschen in einer Gruppe lernen, wie man auf einer Djembé-Trommel mit den Händen afrikanische Rhythmen schlägt. Die etwa 60 Zentimeter hohe kelchförmige Djembé ist eine mit Ziegenfell bespannte Bechertrommel aus Westafrika, für deren Korpus ein Stück eines Baumstammes ausgehöhlt wurde.

Im Kurs lernt ihr die große Klangvielfalt des Instruments kennen sowie die drei Grundschläge Bass, Open/Tone und Slap, die für die Melodiefolge wichtig sind. Je nachdem, ob ihr die Trommel mit der ganzen Hand in der Mitte des Fells, mit geschlossenen Fingerspitzen auf dem äußeren Rand oder mit gespreizten Fingern schlagt, entsteht ein anderer Klang. Wobei jede Djembé abhängig vom verwendeten Holz, der Korpusform und der Fellbespannung ihr eigenes Klangspektrum hat.

Sobald ihr die Grundschläge intus habt, lernt ihr Schritt für Schritt einfache afrikanische Rhythmen, die beim gemeinsamen Trommeln vertieft werden. Dabei ist auch die Haltung sehr wichtig. Lasst euch nicht entmutigen, wenn es nicht gleich klappt – der Spaß und die gemeinsame Freude am Rhythmus stehen im Kurs im Vordergrund.

ITALIENISCH LERNEN

CENTRO LEONARDO DA VINCI

Schröderstraße 39b, 69120 Heidelberg
www.centroleonardodavinci.de
ÖPNV: Haltestelle Brückenstraße

Parlate italiano? Nicht? Dann wird's vor dem nächsten Italien-Urlaub mit dem Lieblingsmenschen aber Zeit! Wusstet ihr, dass Italienisch nach Englisch, Französisch und Spanisch die viertmeist gelernte Fremdsprache der Welt ist? Kein Wunder, ist es doch die Sprache, die am dichtesten mit der Welt von Kunst und Kultur verbunden ist. Denkt nur an Literatur, Malerei, Oper, Mode, Design und Kulinarik. La cucina italiana – gibt es eine bessere Küche? Es macht doppelt so viel Spaß, die kulturellen Reichtümer Italiens zu entdecken, wenn ihr die Sprache sprecht – und in dem Land auf der Apenninenhalbinsel gibt es allerhand zu entdecken. Italien besitzt nicht nur 60 Prozent der weltweiten Kunstschätze, sondern auch die meisten UNESCO-Welterbestätten der Erde.

Die romantischste der romanischen Sprachen zu lernen ist gar nicht so schwer, und viele Wörter haben sich ohnehin längst in den deutschen Alltag eingeschlichen, so zum Beispiel Ambiente, Ciao, Cappuccino, Diva, Fiasko (italienisch Fiasco), Latte Macchiato, Mamma Mia, Paparazzo (Plural Paparazzi), Pasta, Pizza, Primadonna, und Ausdrücke wie Buon Giorno, Buona Sera, Avanti und Basta kennt ihr sowieso.

Im Centro Leonardo da Vinci in Neuenheim lernt ihr in kleinen Gruppen am Vormittag, Abend, im Wochenendkurs oder im Privatunterricht zu zweit die Grundlagen der Sprache, sodass ihr beim nächsten Italientrip nicht länger auf Hände und Füße als Methode der Sprachvermittlung zurückgreifen müsst. Wenn ihr schon Italienischkenntnisse habt, könnt ihr einen weiterführenden Kurs besuchen oder an einem Konversationskurs teilnehmen.

SUZUKI SOLUTIONS
SOLUZIONE VINCENTE
Bell'Italia
PROCIDA
1000
italienische
Redensarten
L

LEIDENSCHAFTLICH TANGO TANZEN

VERSCHIEDENE TANZSCHULEN UND CLUBS

www.tango-akademie-heidelberg.de, www.condetango.de, tangoheidelberg.de, intango.de, www.timotango.de, tango-salon-heidelberg.com

So kompliziert, wie der Tanz aussieht, ist er gar nicht. Zumindest nicht der Grundschritt für Einsteiger. Links vor, rechts vor, Wiegeschritt, Rück-Seit-Schluss. Übersetzt heißt das für den Tänzer: Vorwärtsschritt zuerst mit dem linken, dann mit dem rechten Fuß, jetzt den Wiegeschritt (den linken Fuß leicht seitlich und belasten, den rechten Fuß belasten, dann voll auf den linken Fuß stellen), dann rechter Fuß rückwärts, linker Fuß seitlich und den rechten Fuß heranziehen. Die Tänzerin macht alle Schritte in der umgekehrten Reihenfolge: Rückwärtsschritt rechts, Rückwärtsschritt links und statt des linken belastet sie den rechten Fuß seitlich usw. Das habt ihr nach ein paar Mal probieren intus. Am Ende des Wochenend-Workshops beherrscht ihr einen der faszinierendsten Standardtänze der Welt und könnt das Erlernte nun in der Praxis erproben. In Heidelberg gibt es dafür zahlreiche Gelegenheiten!

Der Tango entstand in den 1880er Jahren auf beiden Seiten des Río de la Plato in den Armen- und Hafenvierteln von Buenos Aires und Montevideo. Wer ihn zuerst tanzte, darüber wird bis heute gestritten. Die Argentinier beanspruchen den Tango für sich, ebenso wie die Uruguayer. Bekannt ist, dass das erste als »Tango« definierte Musikstück 1886 in der uruguayischen Hauptstadt komponiert wurde, und auch »La Cumparasita«, die Hymne des Tangos schlechthin, stammt von einem Komponisten aus Montevideo.

Von der Oberschicht zunächst als verruchter Bordelltanz abgetan, eroberte der Tango ab den 1930er Jahren die Salons von Buenos Aires und Montevideo. In Europa hatte er schon zwei Jahrzehnte zuvor Einzug gehalten.

GEMEINSAM EIN BILD MALEN

ATELIER URSULA BLAHA

Am Rohrbach 11, 69126 Heidelberg
www.atelier-blaha.de
ÖPNV: Haltestelle Rohrbach Markt

Kreativität verbindet. Warum also nicht zusammen mit dem Lieblingsmenschen ein Kunstwerk auf Leinwand schaffen? Das macht Spaß und ist entspannend, und ihr müsst dazu weder eine Frida Kahlo noch ein Pablo Picasso sein. Im Atelier der freischaffenden Künstlerin Ursula Blaha könnt ihr in Abend- oder Wochenendmalkursen eure Kreativität ausleben und verschiedene Techniken und Materialien ausprobieren. Vergesst Perfektion – hier stehen allein die Lust am Malen, die Freude an den Farben und allen möglichen Stilmitteln im Mittelpunkt. Mitgebracht werden muss nichts außer Neugier und Spaß daran, etwas Neues auszuprobieren. Papier und Pappe, Acrylfarben, Druckfarben, Pigmente, Strukturmaterialien und vieles mehr stehen für euch bereit. Leinwände, sofern in der Kursbeschreibung nicht anders angegeben, bringt ihr selbst mit. Je nach Vorliebe könnt ihr mit Spachtel, Schwamm, Händen und Pinsel arbeiten – Ursula Blaha zeigt euch verschiedene Techniken. Ihr könnt mit eurem Lieblingsmenschen zusammen ein Bild auf einer Leinwand malen, oder ihr malt jeder auf einer eigenen Leinwand.

Steht ein Jungesellinnenabschied an? Warum diesen nicht mit den (maximal zehn) weiblichen Lieblingsmenschen mit Malen im Atelier verbringen? Jede von euch bekommt eine Leinwand in einer bestimmten Größe. In die Mitte werden verschiedene Materialien gelegt. Sobald Musik ertönt, fangt ihr an. Wenn die Künstlerin Stopp sagt, reicht ihr eure Leinwand an die Person, die neben euch sitzt und die nun weitermalt. So wirken alle an jedem Bild mit, und am Ende nimmt jede von euch ein Werk mit unterschiedlichen Stilen mit nach Hause.

GRÜNE SCHULE HEIDELBERG

In der Grünen Schule des Botanischen Gartens dreht sich natürlich alles um Pflanzen und Blumen. Neben den gärtnerischen Workshops findet ihr hier aber auch viele Angebote aus dem Bereich des kreativen Gestaltens. Die Modelle für das Fotografieren, Malen oder Zeichnen finden sich direkt im Beet oder im Gewächshaus, aber auch Inspirationen für das kreative Schreiben oder die Theater-Werkstatt. Euch interessiert Naturkosmetik oder ihr liebt Schokolade? Auch dazu könnt ihr in einem Kurs der Grünen Schule mehr erfahren.

➽ grueneschule.cos.uni-heidelberg.de

MIT DEM LIEBLINGSMENSCHEN

Köstlichkeiten teilen

RUND UM DEN GLOBUS FRÜHSTÜCKEN

SCHWARZER WALFISCH

Bahnhofstraße 27, 69115 Heidelberg
schwarzer-walfisch-heidelberg.de
ÖPNV: Haltestelle Seegarten

Mit der Auswahl des Frühstücks ist man hier im wahrsten Sinne des Wortes überfordert. Allein das Studieren der Karte nimmt einige Zeit in Anspruch. Was nehmen? Ein amerikanisches Frühstück aus Spiegeleiern mit Bacon, Baked Beans und Pfannkuchen? Die feurige mexikanische Variante mit gebackenen Chilibohnen oder doch lieber orientalisch mit Couscous-Salat, Feigen und Sesam-Honig-Frischkäse? Vielleicht das skandinavische Frühstück aus Omelette mit Shrimps, Baguette und geräuchertem Lachs? Italienisch mit Prosecco statt frisch gepresstem Orangensaft, und anstelle von Wurst- und Käseaufschnitt wie beim deutschen Frühstück Melone mit Parmaschinken und Mozzarella, oder steht der Sinn eher nach einer spanischen Tortilla-Gemüseschnitte? Das Schweizer Frühstück erfreut den Gaumen mit Bircher Müsli und einer Käseauswahl, das Balkan-Frühstück mit Bulgur, und dann stehen auch noch das britische, mediterrane, französische und ungarische Frühstück zur Auswahl.

Lieber was Gesundes? Bei den Frühstücksvariationen von »Health & Power« stehen frisches Obst, Mehrkornbrötchen und Naturjoghurt im Vordergrund. Unter »Sweet & Sour« versprechen Sugar-, Spice- und Sugar & Spice-Frühstück wahre Gaumenkitzel.

Für Eilige gibt es das »Ruck-Zuck-Frühstück«, und wer so richtig viel Hunger hat, wird bei den drei »Gigantischen« garantiert satt. Lieber Bowls? Auswahl gibt es unter »The Bowl Stole my Soul«. Dann gibt es noch »Die Getopften«, die »Evergreens« wie das Weststadt- und Langschläfer-Frühstück, Brunch und sogar eine vegane Frühstückskarte. Vielfältigere Frühstückskreationen findet ihr in ganz Heidelberg nicht.

EIN STÜCK VIKTORIA-TORTE VERNASCHEN

STRÖHAUER'S CAFÉ ALT HEIDELBERG

Hauptstraße 49, 69117 Heidelberg
cafestrohauer.com
ÖPNV: Haltestelle Bismarckplatz

Was den Wienern die Sachertorte, ist den Heidelbergern die Viktoria-Torte. Gut, erfunden wurde sie in Eberbach von Konditormeister Heinrich Strohauer, aber seit Eröffnung des Strohauer's Cafés 1978 am Anatomiegarten ist sie auch in Heidelberg in aller Munde. Dass die Torte nach Queen Victoria benannt wurde, hat seinen Grund. Aber der Reihe nach. Strohauer gehörte zur Gruppe der besten Konditoren der Welt, die 1962 vom schwedischen Königshaus zu einem Festessen nach Stockholm eingeladen wurden. Als Nachtisch gab es ein Orangen-Dessert, das dem Konditormeister den Kopf verdrehte. Zurück in Eberbach experimentierte er, auf seinen Geschmackssinn und sein Gedächtnis vertrauend, mit den möglichen Zutaten und schuf so die berühmte Torte.

Als Name kam für seine Kreation nur Viktoria in Betracht. Immerhin wäre die legendäre Queen Victoria fast in Eberbach zur Welt gekommen. Ihre Mutter, Prinzessin Marie Louise Victoire von Sachsen-Coburg-Saalfeld, verwitwete Fürstin zu Leiningen in Amorbach, vermählte sich mit Edward Augustus, einem Sohn des englischen Königs Georg III. Das Paar lebte zeitweise in Eberbach, verließ das Städtchen aber im Frühjahr 1819. Victoire war hochschwanger und das Kind sollte in England zur Welt kommen. Strohauer benannte nicht nur die Torte nach der Königin, sondern auch seine 1886 gegründete Konditorei um. Die Viktoria-Torte wurde 1963 per Luftpost in den Buckingham Palace geliefert, mundete der Queen und 2011 auch William und Kate bei deren Hochzeit. Im selben Jahr kürte das Wissensmagazin Galileo sie zur besten Torte Deutschlands. Das Rezept ist bis heute ein Geheimnis.

BEI SONNENUNTERGANG COCKTAILS SCHLÜRFEN

PIER 4

Neckarstaden 25, 69117 Heidelberg
pier4-heidelberg.de
ÖPNV: Haltestelle Kongresshaus

Entführt euren Lieblingsmenschen doch mal an einen Ort, an dem Urlaubs-Feeling aufkommt. Und zwar auf die Dachterrasse des »Pier 4«, das direkt auf dem Neckar liegt und zu den schönsten Sommerabend-Locations der Stadt zählt. Macht es euch an einem der Tische bequem und bestellt einen leckeren Cocktail, dazu ein paar Tapas, und genießt den Sonnenuntergang. Dazu müsst ihr allerdings Richtung Theodor-Heuss-Brücke sitzen. Zugegeben, der Blick nach Osten auf die Alte Brücke ist schöner, aber da geht die Sonne nun mal nicht unter. Die genaue Zeit des Sonnenuntergangs könnt ihr im Internet recherchieren. Seid am besten schon eine halbe Stunde früher da, damit ihr nicht verpasst, wie die Sonne über der Rheinebene langsam untergeht und die orangenen Strahlen die Häuser am Ufer in ein warmes Licht tauchen. Je nach Wetterlage zeigt sich am Himmel ein faszinierendes Farbenspiel in den unterschiedlichsten Gelb-, Orange- und Rottönen, die an manchen Abenden fast lila erscheinen. Ist die Sonne hinter dem Horizont verschwunden, dominiert tiefes Blau. Nun beginnt mit der sogenannten blauen Stunde der letzte Abschnitt der Abenddämmerung. Wenn sich Tag und Nacht begegnen, erscheint der Himmel besonders intensiv und taucht die Umgebung in ein kaltes, bläuliches Licht. Die perfekte Kulisse für atmosphärische Fotos – vor allem Richtung Alte Brücke. Sofern ihr oder der Lieblingsmensch eine Kamera besitzt, auf der ihr Blende, ISO und Belichtungszeit selbst einstellen könnt, sind eurer Kreativität nun keine Grenzen gesetzt. Also, Fotoapparat nicht vergessen!

WIE IM MITTELALTER TAFELN

HISTORISCHES RITTERMAHL IM BACKHAUS

Schlosshof 1, 69117 Heidelberg
www.heidelberger-schloss-gastronomie.de
ÖPNV: Bergbahn Haltestelle Schloss

Möchtet ihr euren Lieblingsmenschen mit einem ganz besonderen Mahl überraschen? Wetten, dass euch das mit dem siebengängigen ritterlichen Schmaus im historischen Backhaus des Heidelberger Schlosses gelingt? Sofern eure Begleitung rustikalen Gerichten der kurpfälzischen Küche nicht abgeneigt ist. Getafelt wird dort, wo einst das Brot für die Kurfürsten gebacken wurde – unmittelbar neben den Überresten des jahrhundertealten steinernen Backofens. Ludwig V., der »Friedfertige«, ließ das Backhaus im frühen 16. Jahrhundert errichten.

Zur Einstimmung auf den ritterlichen Schmaus wird der süße Honigwein Met serviert. Bevor ihr aber an der langen, rustikal gedeckten Tafel Platz nehmt, wird euch ein Lätzchen umgehängt (dazu wird ein Geschirrtuch in Dreiecksform gefaltet) und ihr wascht eure Hände in einer Schüssel mit Zitronenwasser. Aufgetragen wird das Rittermahl in getöpfertem Geschirr anschließend von »Mundsleuten« und Mägden in mittelalterlichen Roben, während der Zeremonienmeister die Tischgepflogenheiten zu Zeiten der Kurfürsten erläutert und Anekdoten aus jenen Tagen erzählt.

Aufgetischt werden Kurpfälzer Bratwürste, ein Spanferkel, Klöße, Gemüse wie Kohl und Kraut, das man auch damals schon aß, sowie andere Spezialitäten aus kurfürstlicher Zeit.

Für musikalische Unterhaltung beim Essen sorgt ein Minnesänger, der mittelalterliche Lieder zum Besten gibt und dabei auf Instrumenten spielt, die im Mittelalter und in der Renaissance angesagt waren. Natürlich handelt es sich dabei nicht um Originale, sondern um authentische Nachbauten. Lasst es euch munden und genießt die Atmosphäre.

ERDBEEREN SELBST PFLÜCKEN

OBSTBAU PFISTERER

Das Feld liegt vor dem Kurpfalzhof, direkt an der B535, 69124 Heidelberg
www.obstbaupfisterer.de
ÖPNV: Haltestelle Kurpfalzhof

Wenn ihr Erdbeeren selbst pflückt, schmecken sie noch mal so gut. Bei Obstbau Pfisterer in Kirchheim habt ihr während der heiß ersehnten Erdbeer-Saison von Mai bis Juli die Gelegenheit, auf zwei Hektar Selbstpflückfläche die köstlichen Früchte selbst zu ernten. Für die Ausbeute, die ihr hinterher im Körbchen habt, zahlt ihr nur etwa die Hälfte des Marktpreises – fürs Naschen beim Pflücken nichts.

Am besten erntet ihr die Erdbeeren am Morgen, wenn sie noch taufrisch sind. Vermeidet, wenn möglich, Wochenendtage, denn an diesen kann es auf dem Selbstpflücker-Feld ganz schön voll werden. Besonders, wenn am strahlend blauen Himmel die Sonne lacht.

Habt ihr Erdbeeren schon mal selbst gepflückt? Wenn nicht, gibt es ein paar Dinge, die es zu beachten gilt. Nehmt zum Pflücken flache Körbe mit, denn darin werden die aromatischen Früchte weniger zusammengedrückt als in tiefen Gefäßen wie Eimer oder Schüssel. Bevor ihr die Erdbeere pflückt, schiebt erst mal die Blätter beiseite und schaut, ob sie auch von allen Seiten reif ist. Unreife Früchte erkennt ihr an einem weiß-gelblichen Rand. Ist die Frucht reif, wird der Stiel abgeknickt, die Erdbeere samt ihren dunkelgrünen Kelchblättern gepflückt und vorsichtig in den Korb gelegt, damit sie nicht zerquetscht.

Wusstet ihr übrigens, dass Erdbeeren einen hohen Ballaststoffgehalt haben und ihr Vitamin-C-Gehalt höher als der von Orangen und Zitronen ist? Zudem sind Erdbeeren mit nur 32 Kilokalorien pro 100 Gramm unschlagbar kalorienarm. Nun aber aufs Feld!

IN BUNTER VIELFALT SCHWELGEN

MÄRZGASSE, HEIDELBERGS »FRESSGASSE«

69117 Heidelberg
ÖPNV: Haltestelle Friedrich-Ebert-Platz

Wenn ihr euren Lieblingsmenschen etwas Gutes tun wollt, entführt sie in die Märzgasse. Von einem kulinarischen Highlight zum nächsten sind es nur wenige Schritte, denn der Abschnitt im oberen Teil, der sich zur Fressgasse entwickelt hat, zählt gerade mal 60 Meter.

Ob zum Frühstück, Mittagessen, zur Coffee Time zwischendurch oder zum Aperitif am späten Nachmittag – es ist für jeden etwas dabei. Am Morgen lockt die Pâtisserie la Flamm mit französischem Flair, Café au Lait, Grand Café Noir und Croissants, bunten Macarons, Tartelettes und anderem Gebäck ab 8 Uhr zum Frühstück. Nicht ganz so früh, ab 9 Uhr, gibt es wenige Schritte weiter im Café Nachbarschaft leckere Bowls, Brote, Kuchen und Kaffeespezialitäten, und wer wie die Italiener gern rasch und im Stehen seinen Espresso trinkt, wählt das gegenüberliegende Café Amoroso.

Am Mittag steht in Günays Garten ein großes Angebot an frisch zubereiteten Salaten und Vorspeisen zur Auswahl. Nebenan bei Franz Soupmarine wartet eine Vielzahl von leckeren veganen und vegetarischen Suppen, und wer großen Hunger hat, bekommt direkt daneben bei Unter Freunden die leckerste Pizza der Altstadt. Man kann sich die außergewöhnlichen Pizzakreationen abschneiden lassen und so gleich von mehreren Variationen probieren. Tische stehen im und bei schönem Wetter vor dem Laden. Ist kein Tisch frei, setzt man sich mit der Pizza an einen der Außentische von Franz Soupmarine oder dem Café Amoroso. Hierher zieht es einen nach dem Essen sowieso auf einen Espresso und am Nachmittag auf einen Prosecco oder Weiß-

FRANZ SOUPMARINE
VEGETARISCHE & VEGANE SUPPENBAR
UNTER FREUNDEN
fritz-kola

wein. Steht euch der Sinn eher nach Mokka wie in Istanbul? Den gibt es in Günays Garten.

Es ist noch gar nicht so lange her, da war die Märzgasse ein unscheinbares Sträßchen, in das man eigentlich nur einbog, wenn man dort wohnte, etwas zu erledigen hatte oder es als Durchgang zur Plöck oder der Friedrich-Ebert-Anlage nutzte. Das änderte sich im März 2005, als Günay Çelik in Nummer 2 ihren Obst- und Gemüseladen Günays Garten eröffnete, der sich mit seinem vielfältigen Angebot inklusive Oliven- und Salattheke bald zum Herzen der Märzgasse entwickelte. Im gleichen Gebäude zog 2008 mit der Pâtisserie La Flamm französisches Flair in die Märzgasse ein.

Zehn Jahre später übernahm Günay vier Hausnummern weiter die ehemaligen Verkaufsräume von Leanders Leseladen in Nummer 6, vergrößerte ihren »Garten« um eine doppelt so lange Feinkosttheke, Regale mit Spezialitäten und eine Café-Oase.

In ihrem nun leerstehenden alten Laden eröffnete Sohn Burak im gleichen Jahr die Smoothie-, Saft- und Pizzabar Unter Freunden. Im Jahr 2016 folgte in Nummer 4 die vegetarisch/vegane Suppenküche Franz Soupmarine, für die Mama Günay täglich mehrere verschiedene Suppen kreiert – von der orientalischen Linsensuppe bis hin zur Süßkartoffel- und Kokos-Curry-Suppe. Jüngster Zugang in der Familie ist das hippe Café Nachbarschaft, ebenfalls in Nummer 4, das Burak Çelik zusammen mit Elena Sidorenko gründete. In dem 1806 erbauten Haus befand sich bis 1915 das Delikatessengeschäft Franz Kreher.

Mit Amoroso, einer Kombination aus typisch italienischer Kaffeebar und Spezialitätenladen, zog in Nummer 1 italienische Lebensfreude in die Märzgasse ein und machte die Entwicklung zur »Fressgass« komplett.

VEGAN IN HEIDELBERG

In Heidelberg gibt es zwar zahlreiche vegan-freundliche Restaurants, ein richtig gutes, rein veganes Restaurant gibt es allerdings nicht. In der Märzgasse werden jedoch alle Lieblingsmenschen, die auf tierische Nahrungsmittel verzichten, fündig.

➢ **Unter Freunden** kreiert täglich verschiedene vegane Pizzavariationen, bei Franz Soupmarine sind alle Suppen rein pflanzlich, und im ➢ **Café Nachbarschaft** gibt es kleine vegane Gerichte sowie leckere vegane Kuchen und Torten. In ➢ **Günays Garten** stehen fleisch-, ei- und käsefreie Salate und Vorspeisen zur Auswahl, und bei ➢ **Amoroso** bekommt man Cappuccino auch mit Hafer- oder Sojadrink.

Im ➢ **Green Tea Café Konomi** in der Plöck 75–77 könnt ihr vegane Futo-Maki-Sushi essen, bei ➢ **Lebe Gesund** in der Hauptstraße 168 gibt es vegane Backwaren und Lebensmittel, und im vegetarischen Restaurant ➢ **Red** in der Poststraße 42 steht auch eine Reihe veganer Gerichte zur Auswahl. In der Weststadt werdet ihr im ➢ **Café Nomad** (Rohrbacherstraße 49) fündig.

MIT NECKARBLICK MOJITO TRINKEN

HEMINGWAY'S

Fahrtgasse 1, 69117 Heidelberg
hemingways-heidelberg.de
ÖPNV: Haltestelle Bismarckplatz

Der Cocktail-Klassiker aus weißem Rum, Limettensaft, Rohrzucker, frischer Minze und Sodawasser im Longdrink-Glas bringt kubanisches Feeling. Auch wenn der Blick vom Biergarten dabei nicht auf die berühmte Uferpromenade Malecón in Havanna fällt, sondern nur auf den Neckar und die viel befahrenen Neckarstaden.

Als Ernest Hemingway (1899–1961), der 1950 auf einer Durchreise hier Station machte, hieß das Lokal Deutscher Kaiser, und der Mojito stand damals noch auf keiner deutschen Cocktailkarte. Er trank einen Tiroler. Vielleicht waren es auch zwei oder drei, denn Hemingway war keinem edlen Tropfen abgeneigt.

Aufgrund der Tatsache, dass er hier einkehrte, wurde die Bar von neuen Inhabern 1994 nach ihm benannt. Die Inneneinrichtung ist eine einzige Hommage an den vielreisenden Amerikaner. Von allen vier Wänden grüßt sein Konterfei, und in Anspielung auf seine Begeisterung für die Jagd und das Hochseefischen hängen ein Elchkopf an der Wand und ein Riesenfisch an der Decke. Abgesehen davon erinnert die Einrichtung ein bisschen an Hemingways Stammkneipe »La Bodeguita del Medio« in Havanna, wo er den Mojito in den 1940er und 1950er Jahren zur Legende machte. Den Mojito gab es auf Kuba schon lange vor Hemingway, aber ihm ist es zu verdanken, dass der Cocktail weltberühmt und zum Kultgetränk wurde. Er selbst soll den Daiquiri viel lieber getrunken haben. Auch dieser Rum-Cocktail steht auf der Karte des Hemingway's.

IN DIE WELT DES BIERS EINTAUCHEN

BRAUEREI ZUM KLOSTERHOF

Stiftweg 4, 69118 Heidelberg
brauerei-zum-klosterhof.de
ÖPNV: Haltestelle Ziegelhausen, Neckarhelle

Mögt ihr Bier? Dann taucht doch mal zusammen mit einem oder mehreren Lieblingsmenschen bei einem Bierseminar in die Welt von Hopfen und Malz ein. Auf unterhaltsame Weise lernt ihr dabei die Geheimnisse der Bierbraukunst kennen, und zwar dort, wo früher die Mönche der noch aktiven Benediktinerabtei Stift Neuburg ihr Borstenvieh hielten.

Zugegeben, der Name der Brauerei lässt vermuten, dass sie zum Kloster gehört – die Ordensbrüder haben zwar schon immer alkoholische Getränke hergestellt, der Bierbrauerei galt ihr Augenmerk jedoch nicht. Nach einem Umbau der Stallungen wurde die Brauerei im Herbst 2009 eröffnet, und seitdem wird hier feinstes Biobier gebraut.

Da zu einem guten Bier auch ein gutes Essen gehört, beginnt das dreistündige Bierseminar mit einem dreigängigen Menü in der Gaststätte zum Klostergarten oberhalb der Brauerei. Während des Essens erfahrt ihr schon so allerhand zur Bierherstellung und hört Geschichten rund um das Thema Bier. Nach dem Schmaus geht's ins Sudhaus, wo die beiden Kupferkessel stehen, in denen gemaischt und geläutert wird. Was in der Maischpfanne und im Läuterbottich passiert, erfahrt ihr vom Seminarleiter. Ihr dürft natürlich auch mal in die beiden Kessel hineinschnuppern. Im Sudhaus lernt ihr die verschiedenen Malzsorten kennen, die anschaulich in Glasgefäßen präsentiert werden. Möchtet ihr mal ein Malzkorn probieren? Kein Problem. Zu den am häufigsten in Mitteleuropa verwendeten Basismalzen gehört das Pilse-

HEID
ALE
BERG
Klosterhof
Klosterhof
DUNKLES
Klosterhof

ner Malz, das für alle Biersorten verwendet werden kann. Ihr erfahrt, wie helle bis dunkle Biere entstehen, wann oder wieso Karamell-Malze hinzugegeben werden, und alles, was ihr schon immer mal zum Thema Bier wissen wolltet – von der Entstehungsgeschichte der einzelnen Biersorten über das Reinheitsgebot bis hin zum Stammtischwissen. Geniert euch nicht – das ist die Gelegenheit, alles zu fragen, was euch zum Thema Bier interessiert.

Aber noch ist das Bier nicht fertig: Ihr lernt, was bei der Gärung passiert und schaut euch die Lagertanks hinter dem Gebäude an, in denen das Bier reift. In der ans Sudhaus angrenzenden Halle wird das Bier in Flaschen abgefüllt und diese mit Bügelverschluss und Etikett versehen. Jeder Arbeitsschritt erfolgt hier per Hand. Zu den Bieren im Sortiment der Brauerei gehören naturtrübes Pils, Bernsteinweizen, Hopfenfuchs, das saisonale Bier »Imperial Stout« sowie die »HeidALEberg« genannten Ale-Biere Red Summer Ale, Dinkel Pale Ale und India Pale Ale. Das Wasser für das Bier stammt aus der klostereigenen Quelle, die im Wald westlich von Ziegelhausen entspringt. Es ist naturrein, mineralarm und sehr weich und daher hervorragend zum Brauen geeignet.

Möchtet ihr gern selbst mal in die Schürze des Braumeisters schlüpfen? Dann meldet euch zu einem Braukurs an. In rund sechs Stunden maischt und läutert ihr, kocht Würze und lernt nebenher jede Menge rund ums Bier und die Brauerei. Dazwischen wird gegessen, und während des Brauvorgangs dürft ihr verschiedene Biere probieren. Abholen könnt ihr euer Selbstgebrautes nach der Reifung vier bis sechs Wochen später.

KLOSTERFÜHRUNG STIFT NEUBURG

Begebt euch doch mal mit einem der Benediktiner-Mönche auf eine Zeitreise durch die bewegte Geschichte des Klosters. Seit fast 900 Jahren liegt das Stift Neuburg vor den Toren Heidelbergs.

Nach der Säkularisierung im frühen 19. Jahrhundert gelangte es vorübergehend in Privatbesitz. In den Salons der jeweiligen Besitzer gingen in den folgenden Jahrzehnten bedeutende Persönlichkeiten ein und aus: Carl Maria von Weber, Johannes Brahms, Joseph von Eichendorff, Clemens Brentano, Hermann Hesse, Rainer Maria Rilke, Karl Jaspers, Klaus Mann und viele andere.

Im Jahr 1926 kauften die Benediktiner der Erzabtei Beuron im Oberen Donautal das Anwesen zurück und nutzten es wieder als Kloster. Schon zwei Jahre später wurde es Abtei und damit selbstständig. Mit Stand von 2021 leben neun Mönche auf Stift Neuburg.

➳ www.stift-neuburg.de

MIT GRANDIOSER AUSSICHT SUSHI ESSEN

SCHILLING ROOFBAR

Alte Glockengießerei 9, 69115 Heidelberg
www.schillingroofbar.com
ÖPNV: Haltestelle Stadtbücherei

Höher Sushi essen in Heidelberg geht nicht. Mit mehr Aussicht auch nicht. Das nach drei Seiten verglaste Restaurant im achten Stock bietet einen atemberaubenden Blick auf den Heiligenberg, den Königstuhl sowie über die Dächer Bergheims und der Weststadt. Dank verglaster Küche könnt ihr auch einen Blick auf die Sushi-Meister werfen und ihnen dabei zuschauen, wie sie die Nikkei-Sushi zubereiten. Die Nikkei-Cuisine, in der sich peruanische mit japanischer Kochtradition verbindet, hat eine lange Geschichte. Sie begann, als Peru 1899 als erstes Land Lateinamerikas japanische Einwanderer aufnahm. Die Japaner taten sich schwer mit der peruanischen Küche und fingen an zu experimentieren. Was dabei herauskam, nannten die Nachkommen Nikkei, was übersetzt »japanischer Emigrant« bedeutet.

Benannt ist das Restaurant nach der Glockengießerei Friedrich Wilhelm Schilling, die sich bis 1982 auf dem Gelände des heutigen Gebäudes befand. Schilling kam 1949 von Thüringen nach Heidelberg und schuf binnen weniger Jahre ein Unternehmen von Weltruf. In drei Jahrzehnten gingen rund 8.000 Glocken aus der Gießerei in alle Welt. Nachdem die Produktion in Heidelberg eingestellt wurde, lag das Firmengelände jahrelang brach. Im Dezember 1999 erfolgte der Spatenstich für das 20.000 Quadratmeter große Quartier »Alte Glockengießerei« in der Alten Bergheimer Straße. Der Glockenturm, ein Büroturm mit Restaurant, wurde 2000 eingeweiht. Das Nikkei-Sushi Restaurant gibt es seit Mai 2018. Auf der Etage darunter befindet sich die Roofbar, wo ihr leckere Cocktails schlürfen könnt. Natürlich mit Aussicht.

UNTER ALTEN LINDEN DER PIZZA-LIEBE FRÖNEN

LEONE D'ORO

Karlsruher Straße 95, 69126 Heidelberg
www.leone-doro.de
ÖPNV: Haltestelle Rohrbach Markt

Über einen schöneren Giardino (zu Deutsch: Garten) verfügt kein italienisches Restaurant in Heidelberg!

Von außen lässt sich nicht auf den ersten Blick erkennen, dass sich in dem stattlichen Gebäude tatsächlich ein Italiener befindet. Vor langer Zeit hieß das Leone D'oro mal »Gasthaus zum Löwen«. Der alte Name, flankiert von zwei aufstuckierten Löwenköpfen, ziert noch die Fassade. Schon um 1800 soll sich hier ein Gasthof dieses Namens befunden haben – allerdings im Vorgängergebäude, denn das heutige stammt aus der Mitte des 19. Jahrhunderts. Damals hieß die Straße noch Karlsruher Chaussee, war eine Fernstraße und weitgehend unbebaut. Das Gasthaus lag am Ortsausgang von Rohrbach, das damals noch kein Stadtteil Heidelbergs war. Man kehrte hier ein, wenn man auf der Durchreise war. Der Garten könnte damals der Ruheplatz für Pferdekutschen gewesen sein. Ob die Linden da schon standen?

An einem lauschigen Sommerabend ist es einfach herrlich, unter den alten Bäumen bei leckerer Pizza und einem Glas Wein zu sitzen. Es ist zwar etwas laut, weil nur eine Steinmauer den Garten von der Straße trennt, aber das tut der schönen Atmosphäre keinen Abbruch. Ihr könnt unter 25 Pizzavariationen wählen. Seid ihr oder euer Lieblingsmensch Vegetarier? Dann probiert unbedingt mal die vegetarische Pizza Calzone. Natürlich stehen auch Salate und Pasta-Gerichte zur Auswahl, falls ihr keine Gelüste auf Pizza habt.

ENGLISH TEA TIME ZELEBRIEREN

HOTEL EUROPÄISCHER HOF

Friedrich-Ebert-Anlage 1, 69117 Heidelberg
www.europaeischerhof.com
ÖPNV: Haltestelle Friedrich-Ebert-Platz

Soll es mal eine kleine Auszeit der besonderen Art sein? Dann gönnt euch mit einem Lieblingsmenschen eine very British Tea Time im Europäischen Hof. Serviert wird auf einer Etagere eine hübsch angerichtete Auswahl an herzhaften und süßen Köstlichkeiten. Dazu gehören die obligatorischen Scones mit Clotted Cream und hausgemachter Erdbeermarmelade sowie Sandwiches mit Gurkenfrischkäse, gerösteten Sonnenblumenkernen und Gartenkresse. Weitere Leckereien sind meist Madeleines und belgische Waffeln, Zitrusfruchttarte mit Yuzuaromen, Heidelberger Nussauflauf, Matcha-Tee-Schnitten mit Johannisbeermousse, Buchweizenblini mit Sauerrahmmousse, gebeizter Ikarimi-Lachs und Kaviar sowie Crépe Canapé mit geräuchertem Wacholder-Schinken. Die Teesorte wählt ihr selbst, und wenn's ganz wie in England sein soll, bestellt jede oder jeder von euch noch ein Gläschen Champagner. Bei schönem Wetter genießt ihr den Afternoon Tea im Sommerrestaurant bei mediterranem Flair, ansonsten unter hübschen Kronleuchtern in der stilvollen Halle.

Das Hotel hat in seiner über 150-jährigen Geschichte so manchen illustren Gast gesehen. Mitglieder des Adels waren hier, so die schwedische Königsfamilie, zahlreiche bekannte deutsche und internationale Rockstars, Sänger*innen und Komponisten waren zu Gast, darunter Deep Purple, Janet Jackson und Herbert von Karajan, Filmschauspieler*innen aus dem In- und Ausland, Schriftsteller*innen, Wissenschaftler – nein, Wissenschaftlerinnen sind in der Gästeliste nicht

verzeichnet –, Staatsoberhäupter und Personen der Zeitgeschichte wie Otto von Bismarck und der Astronaut Neil Armstrong. Die Liste auf der Website ist beeindruckend.
Ob Winston Churchill hier seinen Afternoon Tea trank, als er im Juni 1956 im Hotel weilte?

Die Tradition der Tea Time stammt zwar aus England, zu verdanken ist sie allerdings der portugiesischen Prinzessin Catarina de Bragança (Katharina von Braganza), die 1662 aus politischem Kalkül mit dem englischen König Charles II. vermählt wurde. Während Tee in ihrer neuen Heimat zu jener Zeit noch als Medizin gegen Kopfschmerzen und Migräne galt, war er in Portugal längst ein beliebtes Getränk. Als die Frischangetraute ihren Gatten um eine Tasse Tee bat, antwortete Charles der Überlieferung nach: »Wir trinken in England keinen Tee. Aber vielleicht tut's auch ein Bier?« Die Engländer tranken damals Warmbier zum Frühstück, womit sich die Portugiesin nun gar nicht anfreunden konnte. Sie sorgte dafür, dass Tee in großen Mengen aus China nach England importiert wurde, und lud Damen des Adels zu Tee-Gesellschaften ein, die zunächst vor allem über die hauchdünnen Porzellantassen aus Fernost entzückt waren.

Bis zur Tradition des Afternoon Tea dauerte es noch ein paar Jahrzehnte. Der Nachmittagstee kam um 1840 in Mode, als der Herzogin von Bedfordshire die Wartezeiten zwischen Mittag- und Abendessen zu lang waren und sie ihr Personal bat, ihr am Nachmittag Tee und kleine Häppchen zu servieren. Wie gut, dass der Earl of Sandwich im Jahrhundert zuvor die gleichnamige Zwischenmahlzeit erfunden hatte. Der Afternoon Tea avancierte bald zu einem schicken sozialen Event der Upper Class. In den 1850er Jahren begannen Luxushotels in London mit der Tradition des Nachmittagstees.

FÜR DIE TEA TIME ZU HAUSE

REZEPT FÜR VEGANE SCONES

Zutaten:
350 g Dinkelmehl
2 TL Backpulver
1 TL Natron
1 TL Apfelessig
1 Prise Salz
125 g Pflanzenmargarine
1 EL Rohrzucker
150 g Sojajoghurt
Etwas Sojamilch zum Bestreichen

Zubereitung:
Die trockenen Zutaten in einer Schüssel vermengen, Sojajoghurt und Pflanzenmargarine zugeben und mit einem Knethaken zu einem Teig verarbeiten. Für die bessere Konsistenz mit der Hand nochmals etwas durchkneten. Den Teig auf einer bemehlten Arbeitsfläche schön dick ausrollen. Nun die Scones mit einem Glas ausstechen, nebeneinander auf ein mit Backpapier ausgelegtes Backblech platzieren und mit etwas Sojamilch bestreichen. Im vorgeheizten Backofen auf der mittleren Schiene bei 180 Grad 15 Minuten backen.

CLOTTED CREAM (VEGAN)
Zutaten:
½ EL Agavendicksaft, 3 EL veganer Frischkäse

Zubereitung:
Beide Zutaten miteinander vermengen und auf die noch warmen Scones geben.

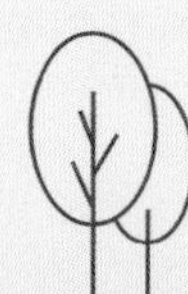

EINE BUNTE TÜTE NASCHWERK ZUSAMMENSTELLEN

ZUCKERLADEN

Plöck 52, 69117 Heidelberg
ÖPNV: Haltestelle Universitätsplatz

Steht euch der Sinn nach Süßem? Schnappt euch die beste Freundin oder einen anderen Lieblingsmenschen und begebt euch im Zuckerladen in eine Schatzkammer voller Süßigkeiten aus aller Welt, die sich in allen Farben des Regenbogens in unzähligen Schraubgläsern in Regalen bis unter die Decke präsentieren. Die Auswahl ist riesig und vielseitig. Ihr habt die Qual der Wahl im wahrsten Sinne des Wortes. Was soll alles hinein in die dreieckige Papiertüte? Gummibärchen, Kaubonbons, Lakritz, Marzipan, Pralinen, Zuckerstangen oder eine der anderen Leckereien, die man in dieser Art in normalen Supermarktregalen nicht findet? Es ist fast wie in der Kindheit, als die schwerste Entscheidung darin bestand, in welchen Gaumenkitzel man sein Taschengeld investieren sollte.

»Nimm dir Zeit – und nicht das Leben!«, ruft es von einem Gasolin-Werbeschild an der Wand. Der Satz unterstreicht die Philosophie des Zuckerladens. Hektisches Einkaufen ist hier tabu. So könnt ihr euch beim Auswählen des Naschwerks alle Zeit der Welt lassen und auch den Blick mal schweifen lassen, denn der schlauchförmige kleine Laden wirkt fast wie ein Museum. Zwischen den Süßigkeiten, an Wänden und Decke steht, liegt und hängt allerlei Krimskrams, von alten Plakaten über Gebissmodelle bis hin zu ausrangierten Kinosesseln. Gesammelte Erinnerungsstücke der Inhaber Marion und Jürgen Brecht.

Sind eure Dreieckstüten voll? Bevor ihr nach dem Bezahlen durch die Tür tretet, wird mit Jürgen am Tresen gewürfelt. So viel Zeit muss sein. Dank eigens aufgestellter Regeln verlasst ihr den Laden garantiert als Gewinner mit einer zusätzlichen Leckerei.

IN DIE WELT DES TEES EINTAUCHEN

TEESEMINAR BEI TEE GSCHWENDNER

Hauptstraße 56, 69117 Heidelberg
stores.teegschwendner.de/heidelberg
ÖPNV: Haltestelle Bismarckplatz

»Man trinkt Tee, um den Lärm der Welt zu vergessen«, sagte der chinesische Gelehrte T'ien Yiheng im 16. Jahrhundert. Beim Teeseminar vergesst ihr zwar nicht den Lärm der Welt, aber für eine Weile den der Hauptstraße. Umgeben von Dosen und Päckchen mit Tees aus aller Welt lernt ihr im Einsteigerseminar »Die Teewelt entdecken« Grundlegendes über das nach Wasser zweitbeliebteste Getränk der Welt. So zum Beispiel, was Tee ist und was nicht.

Tee im engeren Sinne wird aus Blättern der Teepflanzen Camellia sinensis und assamica hergestellt, deren Verbreitungsgebiet Asien ist. So gesehen sind Früchte- und Kräutertee kein Tee, sondern Aufgussgetränke. Die größten Teeanbaugebiete der Welt liegen in China und Indien sowie in Ländern Südostasiens. Ihr erfahrt im Seminar etwas zu den Anbauregionen und was »teemäßig« typisch für die jeweilige Region und das Anbaugebiet ist. Während ihr lauscht, wird auch schon Tee verköstigt. Ihr riecht, nippt und trinkt vorsichtig den ersten Schluck.

Probieren dürft ihr zwei verschiedene Schwarztees, zwei Grüntees, einen weißen Tee und in der Regel auch einen Oolong. Zu welcher Kategorie ein Tee gehört, bestimmt der Grad der Oxidation bzw. Fermentation der Teeblätter in der Verarbeitung. Was es mit dem Oolong und dem weißen Tee auf sich hat, erzählt euch Tee-Sommelière Susanne Schaffner, die euch auch wertvolle Tipps und Tricks zur Zubereitung einer guten Tasse Tee gibt. Noch tiefer in die Welt des Tees eintauchen könnt ihr in einem Spezialitäten- oder Raritätenseminar.

IN HISTORISCHEM AMBIENTE TAPAS SCHLEMMEN

GOLDENER ANKER

Untere Neckarstraße 52, 69117 Heidelberg
www.goldener-anker-hd.de
ÖPNV: Haltestelle Kongresshaus

Wer am Abend gern kleine Appetithäppchen isst, wird die Platte mit den Tapasvariationen lieben! Auf Wunsch kann man auch die ebenso köstliche vegane Variante bestellen. Artischocken, gegrillte Champignons und Zucchini, aromatische Kirschtomaten, grüne Oliven, Rote Bete mit Sesam, Melonenstückchen und andere Köstlichkeiten, ganz zu schweigen von der leckeren Marinade. Da in der Küche nur marktfrische und saisonale Zutaten verarbeitet werden, wechseln die Tapas je nach Angebot. Auf der Tapas- & Antipasti-Karte steht euch eine weitere Auswahl an delikaten kleinen Gerichten zur Verfügung.

Die Geschichte des Restaurants begann vor über 450 Jahren als »Restauration zum Goldenen Anker«. Das hübsche Haus mit dem Zierfachwerk in Obergeschoss und Giebel entstand in seiner heutigen Form im Jahr 1767 und ist im Originalzustand weitgehend erhalten. Der Vorgängerbau wurde im Jahrhundert zuvor errichtet. Damals kamen Treidler, die mit Pferden Lasten am Ufer stromaufwärts durch den Neckar zogen in die Restauration, um Hunger und Durst zu stillen.

Die Geschichte des heutigen Restaurants mit Vinothek begann in den 2000er Jahren, als Michael Rack, der den Anker zusammen mit Mario Lehmann leitet, das Gasthaus pachtete und als Stammlokal für den Freundeskreis öffnete. Längst ist der Anker für alle geöffnet und bietet nicht nur etwas für den Gaumen, sondern mit wechselnden Kunstausstellungen auch was fürs Auge.

PARADIESISCH GUTE DESSERTS LÖFFELN

MADAME KUVÈL

Plöck 73, 69117 Heidelberg
ÖPNV: Haltestelle Friedrich-Ebert-Platz

Lust auf Himbeer-Mousse, Tiramisu, Crème Caramel oder ein anderes himmlisches Dessert, auch vegan, das auf der Zunge zergeht? Dann seid ihr bei Madame Kuvèl an der richtigen Adresse. Die Idee von Carola Noack und ihrer Tochter Sonja Viktoria, in ihrem Laden für Patisseriebedarf frisch zubereitete Leckereien in Gläsern mit Deckel anzubieten, geht voll auf. Ihr könnt die Desserts nicht nur vor Ort genüsslich auslöffeln, sondern die Gläser gegen Pfand auch mit nach Hause nehmen. Oder wie wäre es mit einem Mädelsnachmittag, an dem ihr Desserts in der heimischen Küche selbst zubereitet? Fast alles, was ihr dazu braucht, findet ihr bei Madame Kuvèl, einschließlich der Rezepte und passenden Gläser.

In deckenhohen Regalen steht und liegt alles, was man zur Herstellung von süßen Köstlichkeiten benötigt: Valrhona Schokolade aus dem Rhonetal, die Patissiers weltweit für feinste Desserts verwenden, Marzipan, Nougat, edle Gewürze wie Vanille und Zimt, ausgefallene Backzutaten, zahlreiche Tortendekorationen sowie unzählige Küchenutensilien für die Herstellung von Backwaren, Desserts und Pralinen.

Es waren Reisen nach Paris und die Welt der dortigen Patisserie, die Carola Noack zu ihrem Laden inspiriert haben. Namensgeberin ist ihre Ururgroßmutter Madame Kuvèl, die im 19. Jahrhundert aus dem nordfranzösischen Valenciennes nach Heidelberg kam. Das Gemälde, das euch bei Betreten des Ladens ins Auge fällt, zeigt Madame Kuvèl und ihren Sohn Albrecht. Ihr könnt euch hier übrigens auch zu Espresso, Café au Lait und Croissants aus der Bretagne verabreden.

NOTIZEN

LIEBLINGSMENSCHEN UNTERWEGS

DIE BESTEN EISCAFÉS IN HEIDELBERG

Eiscafé Puro, Hauptstraße 149
Das Eis wird täglich aus erstklassigen Zutaten hergestellt. Hier gibt es das beste vegane Pistazien- und Haselnusseis der Stadt!
➸ www.puroeis.de

Gelato Go, Hauptstraße 100 und Nightingalestraße 1 in der Bahnstadt
Große Auswahl an Bio-Eis und veganen Sorten.
➸ www.gelatogo.de

Schmelzpunkt, Hauptstraße 90
Leckere Eissorten und Sorbets, köstliche Pralinen und superguter Eiskaffee.
➸ www.schmelzpunkt-heidelberg.de

Amami, Brückenstraße 22
Mit Abstand die beste Eisdiele in Neuenheim!
➸ eisdieleamami.eatbu.com

Ilegally Tasty, Rathausstraße 58
Verboten gutes Eis schlecken in Rohrbach.
➸ www.illegallytasty.de

EINE ABSINTH-ZEREMONIE ERLEBEN

GRÜNER ENGEL

Untere Straße 14, 69117 Heidelberg
www.absinthehouse.com
ÖPNV: Haltestelle Universitätsplatz

Achtung, ihr betretet nun einen Ort, wo die »grüne Fee« regiert, um die sich unzählige Mythen und Legenden ranken. Im späten 19. Jahrhundert soll eine Begegnung mit ihr nicht nur Halluzinationen hervorgerufen haben, wer ihr zu tief in die Augen blickte, soll gar dem Wahnsinn verfallen sein. Bei der grünen Fee handelt es sich natürlich nicht um ein Fabelwesen, sondern um die grüne Wermut-Spirituose Absinth. Der Spitzname wird dem irischen Schriftsteller Oscar Wilde zugeschrieben, der nach übermäßigem Absinth-Genuss grüne Feen gesehen haben will.

Der frühere Architekt Peter Fuss machte aus seiner Leidenschaft für Absinth einen Beruf und eröffnete 2001 den kleinen Absinthladen »Grüner Engel«. Mit rund 1.500 Produkten verfügt er nicht nur über die weltweit größte Auswahl an Absinth und Zubehör, sondern hat auch seinen eigenen Absinth auf den Markt gebracht und damit in Pontarlier, der Heimat der grünen Spirituose, mehrfach Preise gewonnen. Inmitten des bunten Sammelsuriums aus Flaschen, Gläsern und Absinth-Fontänen könnt ihr euch das traditionelle französische Absinth-Ritual zeigen lassen. Dazu wird eine Absinth-Fontäne mit Wasser und Eiswürfeln befüllt. Unter die Metallhähne der Fontäne werden die typischen Absinth-Gläser platziert und über diese je ein Absinth-Löffel mit einem Zuckerwürfel gelegt. Diese speziellen Löffel sind flach und haben Perforationen. Das Wasser tröpfelt nun langsam aus den Hähnen über die Zuckerwürfel ins Glas. Das langsame Tröp-

ABSENT

feln ist wichtig, damit die Aromen der im Absinth enthaltenen ätherischen Öle ihre Wirkung richtig entfalten. Durch das Wasser entsteht der Louche-Effekt, das heißt, der Absinth wird milchig weiß. Dafür sind die in den Kräutern enthaltenen ätherischen Öle verantwortlich, die bei Kontakt mit Wasser eine Emulsion bilden. Nun ist der Absinth trinkfertig und ihr könnt ihn in langsamen Schlucken genießen. Keine Angst, eine grüne Fee erscheint euch nicht.

Absinth wurde erstmals im 18. Jahrhundert im schweizerischen Val de Travers aus Wermutkraut (Artemisia absinthium), Anis, Fenchel und weiteren Kräutern gebrannt. Das Elixier sollte bei Verdauungsproblemen helfen. Im wenigen Kilometer entfernten Pontarlier gründete Pernod 1805 die erste Absinth-Destille in Frankreich. Im Algerienkrieg (1830–1847) setzten Militärärzte Absinth als Medizin gegen Fieber und zur Vorbeugung gegen Infektionen und Seuchen ein. Französischen Soldaten wurde täglich eine Ration verabreicht. Denen mundete das Allheilmittel so vorzüglich, dass sie auch nach dem Krieg nicht darauf verzichten wollten, und es in Frankreich populär machten. Ende des 19. Jahrhunderts konsumierte die Mehrzahl der Franzosen Absinth, und in Paris war die hochprozentige Spirituose zum Kultgetränk der Künstler und Literaten avanciert. Hunderttausende sollen dem Absinth zum Opfer gefallen sein. Sittenwächter machten das Getränk für Blindheit, Wahnsinn und einen frühen Tod verantwortlich und damit zum berüchtigsten Getränk der Welt. Das führte dazu, dass Absinth 1915 in vielen europäischen Ländern verboten wurde. Erst seit 1998, in Frankreich seit 2011, ist der Genuss wieder erlaubt und das einstige Kultgetränk erneut salonfähig.

MIT DEM LIEBLINGSMENSCHEN

Seite an Seite Kultur erleben

EINEN AUSFLUG IN FERNE WELTEN MACHEN

VÖLKERKUNDEMUSEUM

Hauptstraße 235, 69117 Heidelberg
voelkerkundemuseum-vpst.de
ÖPNV: Haltestelle S-Bahnhof Altstadt

Der Riesenbuddha, der vor dem Gebäude thront, ist nicht zu übersehen und liefert schon einen Hinweis darauf, dass ihr in fremde Kulturen eintaucht, sobald ihr die Türschwelle überschritten habt. Schaut auf der Internetseite des Museums nach, in welchen Teil der Welt die Reise aktuell geht. Oder lasst euch einfach überraschen.

In vergangenen Ausstellungen konnte man in den Räumen eine faszinierende Zeitreise nach Ägypten unternehmen, das indigene Volk der Batak im Norden Sumatras kennenlernen und mit dem japanischen Forschungsreisenden Matsuura Takeshiro (1818–1888) auf die Insel Hokkaido des 19. Jahrhunderts reisen. »Yusuf und Zulaikha« zeigten persische Miniaturen von Schönheit und Liebe, die Fotoausstellung »Reisen hinter den Horizont« lud nach Afghanistan ein, und bereits im Jahr zuvor konnte man die Rosengärten bestaunen, die es einst in dem Land am Hindukusch gab. Chinesische Scherenschnitte luden zum Träumen ein, und wie die Malerei der frühen indischen Moderne aussah, zeigte die Ausstellung »Kalighat«. Auf der »Passage nach Konstantinopel« konnte man sich in historischen Fotografien verlieren, in »Kachinas« in der bunten Welt der Pueblokunst und in der Ausstellung »Flussaufwärts« in Borneo.

Untergebracht ist das Museum im Palais Weimar aus dem frühen 18. Jahrhundert, das der Mineraloge Victor Goldschmidt 1921 für seine einzigartige Sammlung aus ethnographischen Objekten erwarb, die er von seinen Reisen aus Afrika, Asien und Ozeanien mitgebracht hatte.

ANATOMIE DES GLÜCKS

Von Gunther von Hagens umstrittenen »Körperwelten« habt ihr sicher gehört, oder? Hab ihr euch die Dauerausstellung im Alten Hallenbad in der Poststraße auch schon angeschaut? Die gezeigten Plastinate entstanden aus über 16.000 Körperspenden des Instituts für Plastination in Heidelberg. Die Ausstellung soll zeigen, was Glück und Unglück aus unseren Körpern machen können.

➳ koerperwelten.de/stadt/heidelberg

IN DER **LUXUSLIMOUSINE** FÄHRT JEDER GERNE MIT.

ABER DU BRAUCHST **MENSCHEN**,

DIE MIT DIR **BUS** FAHREN,

WENN DIE LIMOUSINE LIEGEN BLEIBT.

(OPRAH WINFREY, US-AMERIKANISCHE TALKSHOW-MODERATORIN)

AUF STREET-ART-TOUR RADELN

HEIDELBERGER GRAFFITI-KUNST

Startpunkt: Römerkreis, 69115 Heidelberg
ÖPNV: Haltestelle Römerkreis Süd

An dem farbenfrohen Wandbild an der Hausfassade am Römerkreis seid ihr sicher schon zigmal vorbeigeradelt oder habt es vom Auto oder der Straßenbahn aus gesehen, ohne euch viele Gedanken darüber zu machen, richtig? Schaut jetzt mal genau hin und versucht zu erkennen, was der peruanische Graffiti Artist Daniel Figueroa (aka WESR) mit der rätselhaften Figur auf seinem 15 Meter hohen Mural ausdrücken möchte.

Ein paar Radminuten weiter südlich könnt ihr in der Philipp-Otto-Runge-Straße 1/Ecke Römerstraße gleich zwei Wandgemälde bestaunen. Einmal ein imposantes Fabelwesen in Schwarz vom spanischen Streetart-Künstler Limow (David Hérnandez) sowie in direkter Nachbarschaft ein beeindruckendes Mural mit der Message: »Wenn wir uns von Äußerlichkeiten abschrecken lassen, verpassen wir womöglich das Wertvolle darunter«. Das Werk stammt vom Künstlerduo Herakut, hinter dem Jasmin Siddiqui und Falk Lehmann stecken. Während ihres Kommunikationsdesign-Studiums wurde Siddiqui in der Graffitiszene aktiv und gab sich das Pseudonym Hera. Lehmann, der an der Bauhaus-Universität in Weimar Visuelle Kommunikation studierte, malte seit seinem 17. Lebensjahr unter dem Pseudonym Akut. Die beiden Künstler begegneten sich 2004 auf einem Urban Art Festival in Spanien, gestalteten eine Wand zusammen und beschlossen, sich künstlerisch zusammenzutun. Aus Hera und Akut wurde Herakut. Ihr bislang größtes Projekt ist das Giant Storybook. Die Wände, die sie weltweit besprühen, werden den Inhalt des Buches ausmachen.

Nun radelt ihr Richtung Norden zur circa acht Minuten entfernten Ringstraße, wo ihr an Gebäude Nummer 12 auf 400 Quadratmetern zwei Hände seht, die ein zerfließendes Fernseh-Testbild umrahmen.

Das Mural stammt von zwei Pionieren der deutschen Graffiti-Szene, Wow123 (Markus Genesius) und Case (Andreas von Chrzanowski).
Beim nächsten Wandbild seid ihr in einer Radelminute. Es befindet sich an der Nordwand der Eingangshalle des Hauptbahnhofs und ist nicht zu übersehen. Das monumentale, knallbunte Mural zeigt die griechischen Sagengestalten Ganymed und Zeus, wobei Zeus als Adler dargestellt ist. Es ist ein Werk des international bekannten spanischen Künstlergespanns PichiAvo (Pichi & Avo), dessen Markenzeichen eine Kombination aus antiken Motiven und Graffiti ist.
Weiter geht es in nordöstliche Richtung in die Luisenstraße 1–3 zu einem überdimensionalen Wimmelbild von WE.N.U, einer Künstlergruppe aus Hongkong.

Die Wandgemälde sind Produkte des »Metropolink Festival für urbane Kunst«, das 2015 mit dem Ziel ins Leben gerufen wurde, die Stadt in eine öffentliche Galerie zu verwandeln. Während des ersten Festivals gestalteten namhafte internationale Street-Art-Künstler von Mitte September bis Anfang Oktober zehn großflächige Wandgemälde und verwandelten zahlreiche Stromkästen und einige Litfaßsäulen in Kunstwerke. Zu den imposantesten Murals des ersten Festivals gehört das Schwarz-Weiß-Porträt eines alten Mannes auf einer 25 Meter hohen Fassade in der Emmertsgrundpassage 31/31a. Das Werk stammt vom Koblenzer Graffiti- und Streetart-Künstler Hendrik Beikirch (aka ECB), der 2012 in Südkorea mit dem 70 Meter hohen Porträt eines Fischers das höchste Wandbild Asiens schuf.

NOCH MEHR URBAN ART

In welchen Stadtteilen und Straßen sich die Murals der vergangenen Festivals befinden, seht ihr auf der Website von Metropolink: www.metropolink-festival.de. Dort findet ihr auch das Datum und Programm des nächsten Festivals.

Keine Lust zu radeln? Dann nehmt im Sommer doch mal an der »Urban-Romantic-Tour« im offenen Cabrio-Bus teil, die alle großen Murals ansteuert. Infos auf der Website oben.

ZUM SCHAUPLATZ DER BADISCHEN REVOLUTION SPAZIEREN

SCHLOSS HIRSCHHORN

Schloßstraße, 69434 Hirschhorn
ÖPNV: Haltestelle Bahnhof Hirschhorn, dann 15 Minuten zu Fuß

Geschichte begegnet euch im Odenwald immer wieder. So auch in Hirschhorn, wo eines der letzten Kapitel der Revolution 1848/49 geschrieben wurde. Mit der S-Bahn seid ihr in 26 Minuten in dem schmucken Fachwerkstädtchen. Macht an einem sonnigen Tag einen Spaziergang zum Schloss, wo ein Denkmal an den revolutionären Geist jener Tage erinnert. Der Weg hinauf ist steil. Der spektakuläre Blick hinunter auf den Neckar und die Dächer der Altstadt sind jedoch jeden weiteren Schritt wert. Je höher ihr steigt, desto schöner wird die Sicht nach unten. Diesen Weg nahm 1849 eine Schar Aufständischer auf der Flucht vor dem Militär.

Entlang der Neckar-Odenwald-Linie hatten die Revolutionäre eine Verteidigungsstellung gegen die Bundestruppen errichtet – Hirschhorn galt als mögliche Flussüberquerung als strategisch wichtig. Die Erste Kompagnie der Hanauer Turnerwehr eilte den Revolutionären zu Hilfe und besetzte Hirschhorn am 13. Juni 1849. Zwei Tage später kam es zum Gefecht mit dem heranrückenden Militär, gegen das die Turner keine Chance hatten. Sie flohen aufs Schloss und verschanzten sich dort. Ihnen eilten Freischärler zu Hilfe, die das Militär im Rücken angriffen. Als es den Soldaten nicht gelang, das Schloss zu stürmen, entschlossen sie sich am späten Abend zum Rückzug.

Im Vorhof des Schlosses seht ihr einen Gedenkstein für Ludwig Wedekind, der versehentlich von seinen eigenen Leuten erschossen worden war. Bei der Einweihung des Steins lauteten die Schlussworte: »Bleibt treu den Grundsätzen der Freiheit und Humanität.«

STERNSTUNDEN AM DONNERSTAG GENIESSEN

FILMKUNSTTHEATER DIE KAMERA

Brückenstraße 26, 69120 Heidelberg
www.gloria-kamera-kinos.de
ÖPNV: Haltestelle Brückenstraße

Das kleine Kino ist perfekt für den Kinonachmittag mit Mama oder Oma. Außen Nostalgie pur, innen tiefschwarzes Ambiente mit roten Sesseln. Zur Begrüßung gibt es im winzigen Foyer ein Gläschen Sekt – das ist im Eintrittspreis inklusive.

In der Filmreihe »Sternstunden – Kino (nicht nur) für Senioren« flimmern jeden zweiten Donnerstag um 14.30 Uhr wunderschöne Filmklassiker und aktuelle Streifen über die Leinwand. Ausgewählt wird querbeet – da ist der französische Film noir ebenso vertreten wie Hollywoodfilme mit Robert Redford, in den unsere Mütter mal unsterblich verliebt waren, oder Hitchcock-Klassiker. Es werden aber auch Arthouse-Filme gezeigt und solche, die es nicht in die großen Kinos geschafft haben.

Der rote Samtvorhang ist noch geschlossen. Aus den Lautsprechern klingt leise Musik. Ella Fitzgerald, die »Queen of Jazz«, singt »Stairways to the Stars«. Die Musik war schon zur Zeit unserer Eltern alt, passt aber zu den Sternstunden. Die Luft ist erfüllt vom Geruch frischen Popcorns. So muss es sein – der Duft der süßen Leckerei gehört zu einem Kinobesuch einfach dazu! Die Lichter gehen aus, die Musik verklingt, der rote Vorhang öffnet sich und Werbung und Vorschau auf kommende Filme beginnen. Der Vorhang schließt sich, das Licht geht an, und der Platzanweiser geht mit einem Bauchladen voller Eiscremesorten langsam an den 14 Reihen vorbei und bietet seine kalten Köstlichkeiten an. »Wie früher«, flüstert jemand in der vorderen Reihe.

DIE Kamera
20
Die KAMERA
Die KAMERA
VOR MIR DER SÜDEN

IN DIE FRANZÖSISCHE KULTUR EINTAUCHEN

MONTPELLIER-HAUS

Kettengasse 19, 69117 Heidelberg
www.montpellier-haus.de
ÖPNV: Haltestelle Universitätsplatz

Dass sich hinter der roten Fassade des zweigeschossigen Barockhauses ein Stück Frankreich befindet, lässt sich auf den ersten Blick nicht erkennen. Den nicht sehr auffälligen Schriftzug »Montpellier-Haus« über den Fenstern im Erdgeschoss nimmt man im Vorbeigehen kaum wahr. Dabei wurde die »Vertretung« der Stadt Montpellier in der Kettengasse schon 1986 eingeweiht. Zu diesem Zeitpunkt bestand zwischen der südfranzösischen Hauptstadt der Region Languedoc-Roussillon und Heidelberg bereits seit 25 Jahren eine Städtepartnerschaft. Wegbereiter waren die langjährigen Beziehungen der jeweiligen Universitäten seit den 1950er Jahren.

Wenn ihr und euer Lieblingsmensch an französischer Kultur interessiert seid, Wein aus Südfrankreich mögt, eine Reise nach Montpellier plant oder einfach mal wieder Französisch sprechen wollt, seid ihr hier genau richtig.

In Zusammenarbeit mit dem Medienforum Heidelberg organisiert das Montpellier-Haus seit seinem Bestehen jährlich im Januar die »Filmtage des Mittelmeeres«. Zehn Tage lang könnt ihr euch aktuelle Spiel- und Dokumentarfilme aus Frankreich, Italien, Spanien und anderen Mittelmeer-Anrainerstaaten im Karlstorkino anschauen und so für eine Weile dem grauen Winter entfliehen. Wenn auch nur im Kinosessel. Lieber Literatur als Film? Im Mai/Juni findet im Rahmen der Heidelberger Literaturtage eine Lesung mit einem Autor oder einer Autorin aus Montpellier statt. Auch sonst finden regelmäßig Lesungen

M
MONTPELLIER-HAUS
Montpellier-Haus
19
FILMTAGE DES MITTELMEERES
16.06.-27.06.2021
WWW.FILMTAGE-MITTELMEER.DE
Heidelberg

und Literaturgespräche statt – schaut einfach mal ins Programm auf der Website des Montpellier-Hauses.
Sprecht ihr und einer eurer Lieblingsmenschen gut Französisch? Dann nehmt doch mal an der Konversationsgruppe teil, die jeden zweiten Mittwochabend stattfindet. Für die kleinen Lieblingsmenschen findet einmal im Monat mittwochs ein französischer Kindernachmittag statt.

Lust, das Tanzbein zu schwingen? Das dürft ihr am 14. Juli beim traditionellen »bal populaire« zum französischen Nationalfeiertag bei Live-Musik im Hof des Montpellier-Hauses. Im Rahmen des Heidelberger Herbstes gibt es am letzten Samstag im September einen Verkaufsstand mit Erzeugnissen des Bauernmarktes aus Montpellier – dort könnt ihr euch mit Käse, Wein und anderen Köstlichkeiten eindecken. Einen Monat später bietet die »Französische Woche« in rund 50 Veranstaltungen Kulturvergnügen par excellence. Auf dem Programm stehen Film, Kulinarik, Kunst, Literatur, Musik, Theater, Vorträge – da ist garantiert für jeden Lieblingsmenschen etwas dabei.
Zu den weiteren, über das Jahr verteilten Events gehören Ausstellungen, Chanson-Abende, Exkursionen, Filmabende, Theaterfahrten, Werkschauen und Weinproben mit Weinen aus der Metropolregion Montpellier. Nicht umsonst lagern im Weinkeller des Hauses edle Tropfen aus den Anbaugebieten der Region Languedoc. Schaut euch die Weinkarte auf der Website des Montpellier-Hauses an. Angeboten werden diverse Rosé-, Rot- und Weißweine, aber auch Pastis und Gin. Ansonsten: Schaut einfach mal rein ins Programm!

SPRACHKENNTNISSE AUFPOLIEREN

Das Institut de Français if2 e.V. am Adenauerplatz 1 bietet Sprachkurse vom Anfängerniveau (A1) bis hin zum Fortgeschrittenenlevel (C1) an, darunter Crash-Kurse am Wochenende, Konversationskurse, Wirtschaftsfranzösisch und Abi-Vorbereitung. Ihr könnt natürlich auch zusammen mit einem Lieblingsmenschen einen Privatkurs buchen.

➤➤ Informationen und Anmeldung auf www.institutdefrancaisif2.com

EINEN SENSATIONSFUND BESTAUNEN

INSTITUT FÜR GEOWISSENSCHAFTEN

Im Neuenheimer Feld 234–236, 69120 Heidelberg
www.geow.uni-heidelberg.de
ÖPNV: Haltestelle Technologiepark

Vom »Homo heidelbergensis« habt ihr schon gehört, oder? Der Unterkiefer desselben befand sich am 21. Oktober 1907 plötzlich auf der Schaufel von Tagelöhner Daniel Hartmann, der an jenem Tag Sand in einer Sandgrube in Mauer schippte. Dass er einen Sensationsfund gemacht hatte, war ihm nicht klar, wohl aber, dass er da etwas ganz Außergewöhnliches auf der Schippe hatte, war die Grube doch seit Längerem bekannt für fossile Funde. »Heit hab isch de Adam gfunne«, soll er am Abend in seiner Stammkneipe verkündet haben.

Der Anthropologe und Paläontologe Otto Schoetensack, der damals an der Universität Heidelberg lehrte und forschte, hatte den klobigen Kiefer bereits am nächsten Tag zu Forschungszwecken dem Tisch. Aufgrund der Tatsache, dass sich die Fundstelle nicht weit von Heidelberg befand, taufte er den Fund auf den Namen »Homo heidelbergensis«.

In seiner Schrift »Der Unterkiefer des Homo heidelbergensis aus den Sanden von Mauer bei Heidelberg« beschrieb er das Fossil 1908 als »präneandertaloid«, was heißt, dass der Unterkiefer aus einer Zeit vor den Neandertalern stammte. Dem gut erhaltenen Unterkiefer mit kompletter Zahnreihe wird ein Alter von etwa 600.000 Jahren zugeschrieben. Der Heidelbergmensch, in dessen Mund der Kiefer mal saß, gilt heute als letzter gemeinsamer Vorfahre von Neandertaler und Homo sapiens.

Der berühmteste Unterkiefer der Welt lagert in einem Tresor des Instituts für Geowissenschaften im Neuenheimer Feld. Das Original könnt ihr nicht bestaunen, wohl aber eine detailgenaue Kopie, das heißt, bei Führungen zum Thema wird der Originalkiefer schon mal herausgeholt.

EINEN BLICK HINTER DIE KULISSEN WERFEN

THEATER UND ORCHESTER HEIDELBERG

Theaterstraße 10, 69117 Heidelberg
www.theaterheidelberg.de
ÖPNV: Haltestelle Universitätsplatz

Wolltet ihr schon immer mal wissen, wie es hinter der Bühne aussieht, wo Bühnenbilder entworfen, Möbel gezimmert, Kostüme geschneidert und Masken modelliert werden? Einmal im Monat könnt ihr euch während einer öffentlichen Führung Einblick in die Welt jenseits der Kulissen verschaffen.

Die Tour beginnt im Foyer mit einer kurzen Einführung zur Geschichte des Theaters, das am 31. Oktober 1853 mit einer Aufführung von Schillers »Die Braut von Messina« eröffnet wurde. Die Gründung des »Städtischen Orchesters«, heute Philharmonie, erfolgte drei Jahrzehnte später. Zwischen 2009 und 2012 wurde das Theater von Grund auf saniert, neu- und umgebaut. Die historischen Gebäude des alten Theaters wurden in einen Neubau integriert, ein größerer zweiter Saal mit 517 Sitzplätzen kam hinzu. Neue und alte Bühne können nun zueinander geöffnet werden, sodass die Möglichkeit besteht, sie auch mal über Eck zusammen zu bespielen. Die neue »alte« Spielstätte wurde am 24. November 2012 mit der Tschaikowsky-Oper »Mazeppa« eröffnet.

Je nach Programm führt euch der Rundgang als Erstes in den restaurierten »Alten Saal«. Schaut dort mal nach oben, die Decke ist ein Hingucker! Von hier aus geht es zu den Werkstätten und zuerst in die Schlosserei, wo die Metallkonstruktionen angefertigt werden, die für ein Bühnenbild notwendig sind. Im benachbarten gigantischen Malersaal, dem Reich der Bühnenbildner und -bildnerinnen, werden

Christina
Rubruck
SOPHIE
MELBINGER
SHEILA
ECKHARDT
NADJA
RUI

Bühnenbildentwürfe umgesetzt, Kulissen bemalt und größere Requisiten angefertigt. In der kleinen Abteilung für Bühnenplastik entstehen Plastiken wie Figuren, Reliefs und Säulen aus Styropor, Gummi und anderen Materialien, und im anschließenden Dekoraum wird alles angefertigt, was in irgendeiner Form mit Stoff zu tun hat. Wenn ihr öfter in der Friedrichstraße unterwegs seid, habt ihr vielleicht schon mal durch die große schaufensterartige Fassade dabei zugeschaut, wie ein Sofa neu gepolstert wird. In der Schreinerei gibt es vor allem viel Holz und Skizzen auf den Tischen zu sehen.

Wenn nicht gerade geprobt wird, dürft ihr einen Blick in einen der vier Proberäume im Erdgeschoss werfen. Im Stockwerk darüber befindet sich die Kostümabteilung. Im Hauptraum dominieren Nähmaschinen, Schneidetische, Büsten, bunte Stoffe und eine Unmenge von Fadenrollen in allen erdenklichen Farben. Für jedes Stück werden neue Kleider entworfen und individuell angepasst. Auf Kleiderstangen hängen historische Kostüme, Korsagen, Unterkleider, Ballettkleidung und Röcke in allen Größen und Längen. In der Maskenabteilung könnt ihr Perücken in allen Frisurstilen und Farben bestaunen und mit etwas Glück dabei zuschauen, wie eine Echthaarperücke geknüpft wird. Jetzt nicht erschrecken – in einem der Räume starren euch aus vollgestopften Regalen unzählige gruselige Masken und Tierköpfe an. Letzter Punkt der Führung ist der Marguerre-Saal. Wenn ihr auf der Bühne steht, schaut mal hinauf – es geht fast ins Endlose.

Wusstet ihr übrigens, dass das Theater als deutschlandweit erstes mit einem innovativen Heizsystem arbeitet, das Erdwärme, Abwärmenutzung und Fernwärme kombiniert? Mehr dazu erfahrt ihr während der Führung. Die aktuellen Termine für die Führungen findet ihr auf der Website des Theaters.

THEATER IN HEIDELBERG

Als Fünf-Sparten-Theater verfügt das »Theater und Orchester Heidelberg« über Schauspiel, Konzert, Musiktheater/Oper, Tanz (Dance Theatre Heidelberg) und Junges Theater, wobei Letzteres über eine eigene Spielstätte, »Zwinger 3«, in der Zwingerstraße verfügt.

Das Theater veranstaltet zudem die Heidelberger Schlossfestspiele (Seite 226), das Theater-Festival »Heidelberger Stückemarkt«, das Barock-Fest »Winter in Schwetzingen«, die Tanzbiennale Heidelberg sowie die Schultheatertage.

➵ Details findet ihr auf: www.theaterheidelberg.de unter dem Punkt »Festivals«.

Zimmertheater
Theater mit Wohnzimmeratmosphäre findet ihr im Zimmertheater in der Hauptstraße 118. Das 1950 gegründete kleine Theater, das über 93 Sitzplätze verfügt, zeigt hauptsächlich zeitgenössische Stücke.
Infos: ➵ www.zimmertheaterhd.de

Theater im Romanischen Keller
Stücke auf Englisch könnt ihr euch im Gewölbekeller des Romanischen Seminars der Universität in der Seminarstraße 3 anschauen (Seite 232).

MIT KINDERN DIE RÖMER ENTDECKEN

KURPFÄLZISCHES MUSEUM

Hauptstraße 97, 69117 Heidelberg
ÖPNV: Haltestelle Universitätsplatz

Kinderaugen fangen an zu glänzen, wenn sie das Modell der Steinpfeilerbrücke, über die ein Heer römischer Legionäre reitet und schreitet, erblicken. Sie ist aber auch ein Hingucker. Das Original aus dem 2. Jahrhundert war 260 Meter lang, wurde von sieben Steinpfeilern getragen und überspannte den Neckar zwischen Neuenheim und Bergheim. Die Steinpfeiler befanden sich auf Eichenpfählen, die ins Kiesbett des Flusses getrieben wurden. Als 1972 die Fahrrinne des Neckars ausgebaggert wurde, stießen Archäologen auf Reste der antiken Fundamentierungspfähle und konnten insgesamt 43 Eichenbalken bergen. Ein paar davon sind im Museum ausgestellt. Auf dem mittleren Brückenpfeiler stand ein Neptun-Heiligtum mit einer kleinen Kapelle. Die Römer verehrten Neptun als Gott aller fließenden Gewässer und Schutzpatron von Brücken. Am nachgebauten Neuenheimer Neckarufer befindet sich das Modell eines Verladekrans, den die Römer zum Bewegen schwerer Lasten nutzten. In Vitrinen seht ihr hölzerne Schiffsmodelle: ein Flusskriegsschiff, einen Frachtsegler und einen Lastenkahn.

In anschließenden Räumen sowie eine Etage tiefer könnt ihr weiter in die römische Geschichte Heidelbergs eintauchen. Ihr erfahrt etwas über die Götterwelt der Römer, könnt einen Wohnraum und Kleinfunde bestaunen sowie ein römisches Gräberfeld. Dieses fand man beim Ausbau der Berliner Straße im Jahr 1951 – die fast zwei Jahrzehnte dauernde Freilegung brachte 1.400 Gräber zutage samt 100.000 Grabbeigaben, darunter gut erhaltene Glasgefäße, Schmuck und Werkzeuge. Eine kleine Auswahl ist ausgestellt, die Mehrzahl lagert im Museumsdepot.

KURPFÄLZISCHES MUSEUM

MAGISCHE MUSIK- UND THEATER-MOMENTE ERLEBEN

SCHLOSSFESTSPIELE

Schlosshof, 69117 Heidelberg
www.heidelberger-schlossfestspiele.de
ÖPNV: Bergbahn Haltestelle Schloss

An einem lauen Sommerabend unter freiem Himmel grandioser Musik lauschen oder sich hoch über den Dächern von Heidelberg ein Theaterstück mit Blick auf die Altstadt im Sonnenuntergang anschauen – klingt verlockend, richtig? Erst recht, wenn das eine in der besonderen Atmosphäre der Schlossbeleuchtung stattfindet und das andere in der spektakulären Spielstätte Dicker Turm.

Mit ihrer einzigartigen Atmosphäre locken die Schlossfestspiele mit ihrem breitgefächerten Repertoire aus Konzert, Musiktheater und Schauspiel jährlich von Juni bis August mehr als 30.000 Besucher an. In den vergangenen Jahren standen Musical-Klassiker wie »Kiss me Kate«, »Anatevka« und »My Fair Lady« auf dem Spielplan, auf der Bühne wurde Shakespeare gespielt, aber auch Stücke wie »Dracula« und »Der Name der Rose«, und auf der Konzertbühne alle bekannten klassischen Komponisten.

Ins Leben gerufen wurden die Schlossfestspiele im Juni 1926 vom Theater Heidelberg mit einer Inszenierung von Shakespeares »Ein Sommernachtstraum«. Nur dreimal fanden sie statt, bevor die Weltwirtschaftskrise 1929 den Spielen ein vorläufiges Ende setzte. Vier Jahre später wurden sie in »Reichsfestspiele« umbenannt und während des Krieges eingestellt. Wiederbelebt wurden sie als Heidelberger Schlossfestspiele erst wieder 1974 – allerdings hauptsächlich als Touristenattraktion. Weshalb auch das Broadway Musical »The Student Prince« im englischen Original bald zum Klassiker der Festspiele wurde. Die Heidelberg-Schmonzette stand bis in die 2000er Jahre auf dem Spielplan. Heute sind auch Kinder- und Jugendtheater fester Bestandteil der Festspiele.

AUF EINE ZEITREISE GEHEN

REICHSPRÄSIDENT-FRIEDRICH-EBERT-GEDENKSTÄTTE

Pfaffengasse 18, 69117 Heidelberg
www.ebert-gedenkstaette.de
ÖPNV: Haltestelle Marstallstraße

Wenn ihr die enge Holztreppe zu der Wohnung im Zwischengeschoss hinaufsteigt, werdet ihr zurück ins 19. Jahrhundert katapultiert. Hier wurde 1871 Reichspräsident Friedrich Ebert als Sohn eines Schneidermeisters geboren. Die achtköpfige Familie teilte sich 45 Quadratmeter ohne Badezimmer, Toilette und fließendes Wasser. Zwei kleine Zimmer mit extrem niedrigen Decken und eine winzige Küche. Der größere der beiden Räume diente dem Vater als Werkstatt. Hier empfing er seine Kunden, nahm Maß und beschäftigte gelegentlich bis zu zwei Gesellen. Im Zimmer stehen zwei Nähmaschinen und ein Arbeitstisch zum Schneiden von Stoffen. Relikte aus jener Zeit, jedoch nicht die Originale, die hier einst standen. Im Schrank hängt ein Anzug, den Friedrich Ebert als Reichspräsident trug.

Der Raum führt ins kleine Schlafzimmer mit drei Betten. Man kann sich kaum vorstellen, wie dicht gedrängt die Familie darin schlief. In der angrenzenden winzigen Küche ist einzig der Spülstein im Original erhalten.

Im gegenüberliegenden Gebäude dokumentiert die vielfältige und erstklassig gestaltete Dauerausstellung »Vom Arbeiterführer zum Reichspräsidenten« in einem Rundgang durch zehn Räume das Leben von Friedrich Ebert. Aber nicht nur das. In der Ausstellung begebt ihr euch gleichzeitig auf Zeitreise durch die spannende, wechselvolle deutsche Geschichte des späten 19. Jahrhunderts und der Weimarer Republik.

Ebert verließ Heidelberg 1888 nach einer Sattlerlehre und begab sich auf eine zweieinhalbjährige Walz durch den süddeutschen Raum.

1889 trat er in Mannheim in die Sozialistische Arbeiterpartei Deutschlands ein, die 1890 zur SPD wurde. Zwei Jahre später ließ sich der Heidelberger in Bremen nieder, wo sein Aufstieg zu einem der führenden Repräsentanten der sozialistischen Arbeiterbewegung begann. Er heiratete in jenen Tagen die Fabrikarbeiterin Louise Rump, mit der er vier Kinder bekam. Viel Zeit hatte er nicht für die Familie, denn an erster Stelle kam für ihn die Politik. Ab 1899 führte Ebert die SPD-Fraktion in der Bremischen Bürgerschaft, 1905 wurde er in den Parteivorstand nach Berlin berufen, ein Jahr später neben Hugo Haase zum SPD-Vorsitzenden und 1912 in den Reichstag gewählt. Als Kaiser Wilhelm II. nach Ende des Ersten Weltkriegs abdankte, trat der damalige Reichskanzler Max von Baden zurück und ernannte Friedrich Ebert zu seinem Nachfolger. Im Jahr darauf wurde der Heidelberger Schneidersohn zum ersten Reichspräsidenten der Weimarer Republik gewählt und war damit das erste demokratisch gewählte Staatsoberhaupt in der deutschen Geschichte.

Im Februar 1925 litt Ebert an einer akuten Blinddarmentzündung. Aus Zeitgründen verschob er den notwendigen chirurgischen Eingriff, was ihn letztendlich das Leben kostete. Der Blinddarm brach durch, und Ebert starb während der zu spät durchgeführten Operation an einer Bauchfellentzündung. Der Verstorbene wurde von Berlin in seine Heimatstadt Heidelberg überführt und dort am 5. März 1925 auf dem Bergfriedhof beigesetzt.

»Abraham Lincoln der deutschen Geschichte« nannte Bundespräsident Theodor Heuss ihn im Jahr 1950 anlässlich dessen 25. Todestages.

NOCH MEHR GESCHICHTE?

Die erlebt ihr im Carl Bosch Museum am Schloß-Wolfsbrunnenweg. Das interaktive Technikmuseum zeigt in acht Stationen das Leben und Wirken des Nobelpreisträgers für Chemie, Dr. Carl Bosch. Ihr könnt hier nicht nur sein Forschungslabor und seine Hochdruckwerkstatt bestaunen, sondern erfahrt auch einiges über den Privatmann Bosch. Neben seinen umfangreichen beruflichen und technischen Verpflichtungen widmete er sich ausgiebig seinen naturwissenschaftlichen Hobbys, zu denen Insektensammlungen und die Astronomie gehörten. Der einstige Vorstandsvorsitzende der BASF und IG Farben lebte von 1923 bis zu seinem Tod 1940 in der Villa Bosch am Schloß-Wolfsbrunnenweg unweit des Museums.
Schloß-Wolfsbrunnenweg 46, 69118 Heidelberg (Ortsteil Schlierbach), tgl. außer Donnerstag 10–17 Uhr.

MAL EIN THEATERSTÜCK AUF ENGLISCH SEHEN

THEATER IM ROMANISCHEN KELLER

Seminarstraße 3, 69117 Heidelberg
ssg-as-heidelberg.de
ÖPNV: Haltestelle Universitätsplatz

Sie machen Theater, aber auf Englisch – und das schon seit den 1960er Jahren. Die Schauspielgruppe des Anglistischen Seminars der Universität Heidelberg ist eine der ältesten ihres Genres in Deutschlands. Auf der kleinen Bühne im Gewölbekeller des Romanischen Seminars werden Stücke von Shakespeare, Oscar Wilde und Samuel Beckett aufgeführt, Broadway-Klassiker wie »Arsenic and Old Lace« und »The Philadelphia Story«, die ihr vielleicht als Hollywood-Verfilmungen mit Cary Grant gesehen habt, aber auch Stücke zeitgenössischer Autoren wie Florian Zeller und Alan Ayckbourn.

Das Theater im Romanischen Keller ist zwar feste Spielstätte der Schauspielgruppe des Anglistischen Seminars, ansonsten steht es als Miettheater der Universität Einzelnen oder Gruppen für öffentliche Kulturveranstaltungen zur Verfügung. Wer den Keller mietet, muss sich um die gesamte Ausführung wie Werbung, Kartenverkauf, Abendkasse, technische Betreuung, Reinigung usw. allerdings selbst kümmern.

Zudem ist das Theater Mitorganisator der Heidelberger Theatertage im Herbst und veranstaltet jeden zweiten Dienstag im Monat in Kooperation mit dem TiKK (Theater im Kulturhaus Karlstorbahnhof) die »Offene Bühne Heidelberg«, wo Dichter, Kabarettisten, Musiker, Stand-up-Comedians, Sänger, Schauspieler, Tänzer, Zauberer und jeder, der künstlerisch etwas zu bieten hat und über genügend Improvisationstalent verfügt, sein Können vor einem Publikum zum Besten geben kann. Schaut einfach mal in den Online-Veranstaltungskalender.

AUF DEM KIRCHENPARKETT TANZEN

CITYKIRCHE HEILIGGEIST

Marktplatz, 69117 Heidelberg
ekihd.de/gemeinden/citykirche-heiliggeist/gottesdienst/tanz
ÖPNV: Haltestelle Rathaus/Bergbahn

»Schon David tanzte vor dem Herrn«, sagt Pfarrer Vincenzo Petracca, der den ersten Tanzgottesdienst in der Heiliggeistkirche an Christi Himmelfahrt 2015 abhielt. Damals legten die schwedischen Tänzer Ellinor Westrup und Daniel Carlsson einen argentinischen Tango aufs Kirchenparkett. Für die musikalische Untermalung sorgten ein Chor aus Lund und die Heidelberger Studentenkantorei mit der Tangomesse »Tanzen hat seine Zeit« von Johan-Magnus Sjöberg. Nach dem Gottesdienst hielt es die Gemeindemitglieder nicht länger auf den Bänken – zumindest nicht diejenigen, die der Tangogrundschritte mächtig waren. Die Resonanz war so groß, dass Gottesdienste, die sich in Liturgie und Predigt um einen Tanz drehen, zu einem festen Bestandteil werden sollten.

An Christi Himmelfahrt im Jahr darauf spielte ein Salonorchester Walzer, dazu drehten sich im Takt zwei professionelle Tanzpaare und am Ende des Gottesdienstes im Chorraum auch die Gemeinde und hereinströmende Touristen, die fasziniert waren, dass in der Kirche getanzt wurde. Die Antwort, warum er Tanzgottesdienste abhält, gab der Pfarrer mit italienischen Wurzeln in seiner Himmelfahrtspredigt 2016: »Warum also Tanz? Hier, ausgerechnet in dem Gotteshaus mit reformiert-calvinistischer Tradition? Weil die Leibfeindlichkeit ein Irrweg war und dem Heiligen Geist Hausverbot erteilt hat! Der Mensch ist von Gott vernunftbegabt, sinnlich und mystisch geschaffen worden. Der Heilige Geist erfasst Tiefenschichten in diesem mystischen Tier.

Bereits ein paar Tage vor dem Walzer-Gottesdienst hatte es mit der syrischen Tanzgruppe Gafrana den Tanz in den Mai gegeben, und am Tag nach Himmelfahrt läuteten Musiker aus Buenos Aires eine Tangonacht ein. Für den Tanzgottesdienst 2017 »Luther in Latin-Takt« wurden Lieder des Reformators so arrangiert, dass sie zu Rumba und Cha-Cha-Cha getanzt werden konnten. Bei den heißen lateinamerikanischen Rhythmen hielt die Gemeinde nach dem Gottesdienst die Füße nicht länger still. Im folgenden Jahr wirbelten im Rock'n Roll-Gottesdienst Profitänzer durch die Luft, bevor auch die Besucher im Chorraum rockten und swingten. In seiner Predigt stellte Pfarrer Petracca die Scherzfrage: »Wer war der erste Rock'n'Roller in der Geschichte?«, und antwortete: »König David. Er spielte ein Saiteninstrument. Sein Instrument beherrschte David wie Jimi Hendrix oder Eric Clapton. Seine Musik hatte so viel Energie, dass er sie einsetzte, um Depressionen zu behandeln. David hat auch getanzt. Provokant, wie ein Rock'n'Roller«.

Seit 2017 veranstaltet die Heiliggeistkirche regelmäßig auch choreographische Gottesdienste und arbeitet hier insbesondere mit dem städtischen Tanztheater zusammen.

Übers Jahr verteilt finden in Heidelbergs größter und bedeutendster Kirche nicht nur Tanzgottesdienste, sondern auch Tanznächte statt. Die Termine findet ihr auf der Website der Citykirche Heiliggeist. Ihr habt garantiert einen Lieblingsmenschen, der gern mal das Tanzbein auf ungewöhnlichem Parkett schwingt, oder?

Oder lieber singen statt tanzen? Ab und zu finden Rock-'n'-Pop-Gottesdienste mit Liedern bekannter Bands und Songwriter statt.

THEATERGOTTESDIENST

Unter dem Motto »Abends ins Theater, morgens in den Gottesdienst« finden in Kooperation mit Theater und Orchester der Stadt Heidelberg regelmäßig an ausgewählten Sonntagen Theatergottesdienste statt, bei denen die Predigt auf Themen des Theaterspielplans bezogen wird. Pfarrerinnen und Pfarrer der Citykirche nehmen Aufführungen des Theaters oder Tanztheaters zum Anlass, um aus unterschiedlichen Perspektiven über Werte, die Welt und den Glauben zu sprechen. Das städtische Ensemble gestaltet den Gottesdienst künstlerisch mit.

➼ ekihd.de/gemeinden/citykirche-heiliggeist/gottesdienst/theater

IN DIE WELT DER LITERATUR EINTAUCHEN

HEIDELBERGER LITERATURTAGE

Universitätsplatz, 69117 Heidelberg
www.heidelberger-literaturtage.de
ÖPNV: Haltestelle Universitätsplatz

Fünf Tage im Jahr dreht sich auf dem Universitätsplatz alles um Literatur. Mal im Mai, mal im Juni wird das historische Jugendstil-Spiegelzelt »Danspalais« aufgestellt, in dem Lesungen, Performances, Podiumsgespräche und Schreibworkshops sowie Late-Night-Veranstaltungen stattfinden. Renommierte deutschsprachige und internationale Autoren und Autorinnen lesen aus ihren neuen Romanen, Biografien und Lyrikbänden. Bei der Lesung fremdsprachiger Autoren folgt prompt die Übersetzung. Auch Poetry Slam, Live-Hörspiele und Musik sowie Programme für Kinder kommen nicht zu kurz, sodass ihr die Literaturtage auch mit euren kleinen Lieblingsmenschen besuchen könnt. Etwa ein Drittel der Veranstaltungen sind kostenfrei.

Rund um das Zelt verwandelte sich der Platz 2018 erstmals auch in ein Open-Air-Lesezimmer mit Bücherregalen, Sitzmöbeln und Hängematten – zum literarischen Abhängen natürlich ideal.

Ins Leben gerufen wurden die Literaturtage 1994 und gehören seitdem zu den kulturellen Höhepunkten der Stadt. Seit dem 1. Dezember 2014 ist Heidelberg als »City of Literature« Mitglied im UNESCO Creative Cities Netzwerk – als erste und bisher einzige deutsche Stadt. Kein Wunder, hat Heidelberg doch mit dem Codex Manesse, der Bibliotheca Palatina und der Heidelberger Romantik eine lange literarische Tradition. Von den zahlreichen Buchhandlungen, rund 50 Verlagen und etwa 120 Autoren in der Stadt und der Tatsache, dass Heidelberg die Wiege des deutschen Hip-Hops ist, ganz zu schweigen.

Noch mehr Literatur gibt es an vier Festivaltagen im September im gesamten Stadtgebiet beim Literaturherbst Heidelberg.

KUNSTGALERIEN IN HEIDELBERG

GEDOK-Galerie
Gemeinschaft der Künstlerinnen und Kunstfördernden
Ausstellungen, Literatur, Konzerte
Römerstraße 22, 69115 Heidelberg
➽ www.gedok-heidelberg.de

Galerie p13
Wechselausstellungen mit zeitgenössischer Kunst
Pfaffengasse 13, 69117 Heidelberg
➽ galerie-p13.de

Heidelberg Images Fotogalerie
Fotografien, Kunstdrucke, Bücher und Kalender mit Heidelberg-Motiven
Plöck 32A, 69117 Heidelberg
➽ www.heidelberg-images.com

Galerie Marianne Heller
Zeitgenössische Keramikkunst
Friedrich-Ebert-Anlage 2, Im Stadtgarten, 69117 Heidelberg
➽ www.galerie-heller.de

Galerie Kunst2
Zeitgenössische Malerei – Einzelausstellungen und Gruppenschauen
Lutherstraße 37, 69120 Heidelberg
➽ www.kunst2.de